百年贵大
文化建设丛书

百年贵大文化传承工程项目资金资助

百年贵大
文化建设丛书

杜文铎历史论文集

杜文铎 / 著

贵州大学出版社
Guizhou University Press

图书在版编目（CIP）数据

杜文铎历史论文集 / 杜文铎著. -- 贵阳 : 贵州大学出版社, 2022.7
（百年贵大文化建设丛书）
ISBN 978-7-81126-569-9

Ⅰ. ①杜… Ⅱ. ①杜… Ⅲ. ①中国历史－文集 Ⅳ. ①K207-53

中国版本图书馆 CIP 数据核字（2021）第 059277 号

DUWENDUO LISHI LUNWEN JI

杜文铎历史论文集

著　　者：杜文铎

出 版 人：闵　军
责任编辑：但明天
排版设计：方国进

出版发行：贵州大学出版社有限责任公司
地址：贵阳市花溪区贵州大学北校区出版大楼
邮编：550025　电话：0851-88291180
印　　刷：贵阳精彩数字印刷有限公司
开　　本：787 毫米 ×1092 毫米　1/16
印　　张：9.25
字　　数：138 千字
版　　次：2022 年 7 月第 1 版
印　　次：2022 年 7 月第 1 次印刷

书　　号：ISBN 978-7-81126-569-9
定　　价：36.00 元

“百年贵大文化建设丛书”编委会

“百年贵大学术精品文库”编委会

“百年贵大学术精品文库”序

◇ 李建军

“溪山如黛，常沐春风，学府起黔中。”1902年，贵州大学堂崛起于黔中，历经省立贵州大学、国立贵州农工学院、国立贵州大学等时期，1950年定名为贵州大学。1951年，毛泽东主席亲笔题写贵州大学校名。2005年，贵州大学成为国家“211工程”大学。2017年，入选国家世界一流学科建设高校。2018年，荣列教育部、贵州省人民政府“部省合建”高校。2022年，再度入选国家新一轮“双一流”建设高校。贵州大学学科门类齐全，涵盖文学、历史学、哲学、理学、工学、农学、医学、经济学、管理学、法学、教育学、艺术学等12个门类。

2021年12月，习近平总书记在中国文联十一大、中国作协十大开幕式上说：“文化是民族的精神命脉，文艺是时代的号角。古人说：‘文者，贯道之器也。’”在贵州大学建校120周年之际，将贵大学人的学术精品以及珍贵的校史资料、档案进行研究整理并予以出版，有利于百年贵大的文化传承，有利于提升学校的文化品位和学术影响力，有利于增强校友对母校的认同感和凝聚力。因此，学校特别策划出版了“百年贵大文化建设丛书”，“百年贵大学术精品文库”即为其中之一种。

贵州大学在百廿年的办学历程中，虽然校名几经更迭，校址几度变迁，筚路蓝缕，历经沧桑，但百年传承，薪火相继，始终坚持以兴学育人为根本，以立足贵州、服务地方为己任。学校由小到大，由弱渐强，形成了“艰苦奋斗，自强不息”的办学精神，凝练出“明德至善，博学笃行”的校训，以严谨、求实、创新的校风和丰厚的文化底蕴培养和孕育了大批优秀人才，为国家特别是贵州经济建设和社会发展提供了强有力的人才支撑和智力保障，而这离不开诸如周恭寿、周步瑛、李书田、张永立、柳诒徵、魏寿昆、王栋、张廷休、罗登义、吴定良、谢六逸、郎世俊、丁道衡、乐森璕、王世真、吴汝康、吕荧、刘述文、恽震、徐采栋、黎东方、姚奠中、汤炳正、张汝舟、张振珮、杨汉先、杜文铎、蒋希文、陈祖武、虞愚、王锳、宋宝安、马克俭、郝小江、张克勤等众多优秀学者的努力和贡献。他们在诲人不倦、教书育人的同时，也在各自的学术领域取得了丰硕的成果，撰写了诸多可堪传世的精品力作，成就了贵州大学“黔中第一学府”的美誉。这是百年名校的历史积淀，更是建设“双一流”大学的厚重底蕴。

“百年贵大学术精品文库”选取贵州大学两个“甲子”120年来贵大学人在各学科领域创作的、具有代表性的经典学术著作整理出版，如《中国文化史》《世界文学》《二毋室古代天文历法论丛》等。

《中国文化史》一书为1942—1946年被聘为国立贵州大学特约讲席的史学家柳诒徵的代表作，被称为中国文化史的“开山之作”。本书着眼于世界文化史与中国文化史的密切关系，叙述了从周代至清代五千年来的中国文化发展史。引用资料自六经、诸子、二十五史、历代各家著述、国外汉学家论著至近代报纸杂志、统计报道，无不详为选辑，史论结合，在当时流传甚广。柳诒徵，字翼谋，亦字希兆，号知非，晚年号劬堂，是中国近现代史学先驱、中国文化学的奠基人和现代儒学宗师，也是著名的书法家和教育家。他在贵州大学任教时，讲课有条不紊，既不做枯燥无味的考证，也不做不着边际的空谈，而是广征博引，引人入胜，不仅得到文科生的喜爱，就连理工科的学生也赶来旁听。在学术方面，他以“一不敷衍自己，二不敷衍古人，三不敷衍今人”为治学准绳，注重史料的作用，并把历史分为“代史、类史、地史、国史”四类，影响了现代史学的治学方向和学科架构。

谢六逸的《世界文学》介绍了英国、法国、德国的古典主义文学、浪漫主义文学、现实主义文学和自然主义文学及新兴文学，内容丰富，介绍系统，是最能表现作者学术功底和眼界的作品。谢六逸，号光燊，字六逸，笔名宏徒、鲁愚，是著名的作家、翻译家、教授，中国现代新闻教育事业的奠基者之一。他提出新闻记者须具备“史德、史才、史识”三条件，为全国大学设新闻系之嚆矢。在贵阳，谢六逸以振兴家乡文化教育为己任，先后任大夏大学文学院院长、国立贵州大学中文系教授，主讲“中国文学史”“文学批评”“国文教材及教法研究”等课程。他学识渊博、和蔼可亲，讲解细致入微，深受学生爱戴。先生十分勤勉，夙兴夜寐、著作等身，有关日本文学、世界文学的著作更是成为文学研究的珍贵文献。

《二毋室古代天文历法论丛》是知名学者、语言学家、贵州大学教授张汝舟先生的代表作。张汝舟先生在对中国古代天文历法的研究中，强调将纸上材料（文献记录）、地下材料（出土文物）、天上材料（实际天象)对证，做到“三证合一”，倾力研究中国古代天文历法资料，较前人取得了可靠的结论。这种古天文历法体系，影响了整个学术界。本书是张汝舟先生在古代天文历法方面的文章合集，解决了很多历史上长期没有解决的具体问题，成为古代天文历法方面独具特色的著作。张汝舟先生毕生从事教育事业，敬德修业、教书育人，以培养人才为己任。他崇高的道德修养、精深的学术水平影响和造就了一大批人才。国内知名学者如周本淳、宋祚胤、孟醒仁、祖保泉等都出自他门下。他在贵州从教近30年，为贵州培养了众多的专业人才，不少弟子成为教育、文艺、学术方面的骨干与中坚，在贵州文教领域熠熠生辉。弟子们给张汝舟先生撰述的《墓碑记》所言：“玉在山而草木润，先师于贵州文教学术之贡献，可谓大矣。弟子遍黔中，颂先师之书、传先师之道，敬德修业咸以先师为楷模。道德风范，口耳相传，无不以升堂入室为荣。”

“百年贵大学术精品文库”所选学术精品著作，涵盖了文学、历史、哲学、政治、经济、法律、社会学、艺术学及理、工、农等众多学科，限于篇幅，恕不能在此一一列举。本丛书一方面梳理、归集了贵州大学建校以来的丰硕学术成果，以明晰学术传承脉络，继传统，启后学；一方面以回顾历史为契机，将当前活跃在国内外学界的贵大人的精品学术成果纳入丛书之中，激励大家沉潜学术，关照现实，投身新时代，为推进学校“双一流”建设、学校学科振兴建设贡献力量。

明德至善，博学笃行，文脉永赓续。“百年贵大学术精品文库”的整理出版，不仅有利于传承贵大百余年的文脉、彰显贵大文化自信，更有利于落实立德树人的根本任务。百年贵大，时逢盛世中华，贵大人当不忘初心、牢记使命，薪火相传，一路凯歌行进，未来必将无限广大。

出 版 前 言

20 世纪 80 年代，杜文铎教授曾与吴雁南教授等主编了上下两册共 60 万字的《中国近代史纲》，深受学界好评。1984 年，他又和华中师范学院孙玉华先生共同主编了《简明中国近代史》。此外，杜文铎教授还对贵州近代史的研究倾注了大量心血，组织点校了《平黔纪略》一书，罗尔纲先生为之作序。后又组织点校了《黔南识略》和《黔南职方纪略》等。1992 年，杜文铎担任《贵州通史》编委会副总编，并担任第四卷清代卷的主编。

在教学之余，杜文铎教授还发表了数十篇在学界颇具影响力的学术论文。如《中国古代的选官制度》考察了中国古代职官的选拔，包括选官制度、试用、任用、考绩、奖惩、退休制度等，对其作了精当的分析。《丁宝桢对川盐销黔的改革》一文分析了丁宝桢对川盐销黔的改革，认为这次改革发生了从"官督商运"到"官运商销"的转变，不但有利于人民的生活改善，也有利于川黔两省经济的发展。杜文铎教授对太平军在贵州的活动也颇为关注，其《太平军在贵州的战斗》《太平军在贵州的两个问题》认为太平军石达开部曾于 1860、1862、1863 年三次进入贵州，其中 1863 年进入贵州的一支太平军同贵州各族起义军结成一体，并肩战斗直到 1872 年最后失败，太平军在贵州的活动是太平天国革命运动的重要构成部分。

杜文铎教授的学术论文，注重史料的收集以阐发新观点，颇具学术价值。此次，我们搜集整理了杜文铎教授发表在各类学术期刊上的部分文章结集成书，收入"百年贵大学术精品文库"公开出版，以飨读者。

CONTENTS

目　录

读《辛亥革命在贵州》

1911年，以中国民主革命的伟大先行者孙中山先生为领袖的革命党人发动了推翻清朝统治的辛亥革命。这是中国历史上具有重大历史意义的一次革命。这次革命结束了在中国施行了两千多年的封建君主专制制度，沉重打击了肆无忌惮地对中国进行侵略的帝国主义，在神州大地树立起民主共和的旗帜。

在轰轰烈烈的伟大的资产阶级民主革命运动中，地处云贵高原、经济落后的贵州，在武昌起义的第25天，即11月4日，在革命党人的号召和组织下，发动起义，组成大汉贵州军政府，成为响应武昌起义的第6个省份。贵州的反帝反封建民主革命是怎样孕育和发展起来的，又是怎样跟全国一样丧失胜利果实的，这次革命有什么特色，它的历史意义何在，等等问题，由肖先治、欧多恒、冯祖贻、顾大全等同志主编的《辛亥革命在贵州》一书，对此为我们做了系统、简明扼要的回答。

《辛亥革命在贵州》一书分上下篇，全书40万字。上篇是冯祖贻和顾大全撰写的一部专著——《贵州辛亥革命》，下篇是由贵州学术界为纪念辛亥革命八十周年撰写的论文所组成。

读了本书以后，我认为它有以下几个特点。

第一，全书资料充实。资料是历史研究的基础，没有资料，或者资料单薄，不是言之无物，空空洞洞，便是说服力不强，都不能深刻揭示历史发展进程的本来面目。因此是否掌握了足够的资料，便成为能否写出好的历史著作的关键。本书的作者很重视这一点。

以上篇的《贵州辛亥革命》为例，我粗略统计了一下，全书引用资料不下七八十种，其中有尚未发表的档案资料、公私文书，有官方公报，有当时的报纸杂志，有亲历者的回忆录等。由于作者参考了大量的第一手资料，使得本书的内容十分充实。

第二，本书对贵州辛亥革命史中的重大问题提出了自己的有价值的独立见解。贵州的辛亥革命虽然距今只有八十多年，可是由于资料缺乏，或者前人记述有详有略，各有不同的着眼点，以致到现在还有很多问题，不能取得一致的认识。例如，为什么经济落后的贵州，在民主革命运动中并不落后；领导贵州辛亥起义的自治学社是什么性质的团体，它跟同盟会是什么关系；贵州辛亥革命有什么特点；云南军政府为什么要镇压起义有功的自治学社夺取贵州的政权，等等。本书作者针对这些重大问题论述了自己的观点。

以自治学社的性质为例，传统的看法认为它一开始就是一个以讲求地方自治为掩护的革命团体。《贵州辛亥革命》的作者根据自治学社刊物《自治杂志》的言论和该社领导人的活动，经过仔细分析研究，提出了新的看法。认为，自治学社是当时贵州唯一具有全省规模的资产阶级团体，但它一开始还算不上革命团体，而是一个由资产阶级知识分子组成的爱国团体，它的政治主张并没有跳出立宪派的框框。直到1910年下半年，自治学社才由单纯的爱国立宪团体转变为革命团体。这种转变的契机是什么呢？作者认为这是和自治学社的特点分不开的。

- ◆自治学社立论温和，不像科学会、历史研究会那样，易于引起官厅的注意；也与贵州宪政派自恃门第高贵，一味袒护清政府反对革命有所不同。
- ◆自治学社很快通过各种关系将组织发展到社会，并且在各府厅州县组织分社，成为全省的大团体。
- ◆自治学社是爱国团体，张百麟等人都是痛恨帝国主义侵略，真诚热爱祖国的志士，在建立组织时曾接受过某些革命主张，随着革命形势的发展，清政府的反动面目日益暴露，他们有向革命方面转化的可能。

自治学社一经成立，客观上便与贵州知识界中有权势的宪政派处于对立的地位。宪政派有全国的立宪派作后援，自治学社要发展自己，不得不转向社会基层和革命派方面寻求支持。

自治学社的这些特点，是使它在全国革命形势持续高涨、下层知识分子和会党群众推动下，能够从爱国走上革命的原因，并且担负起领导全省的革命任务。我认为这种分析是客观的，也是有说服力的。

又如，对云南军政府派兵入黔，支持反动努力镇压自治学社一事，作者也进行了探讨。作者首先从中国资产阶级的两面性去分析，认为云南军政府有反帝反封建的一面，同时它又保存了旧思想，有维护旧秩序的一面，这是它支持反动势力的阶级根源；其次，云南军政府中的一部分军人在起义后产生了扩张地盘的野心；其三，云南军政府内部有权利之争，都督蔡锷为了移转争点于外省，巩固自己的统治，不得不考虑迎合滇军将领扩张势力的野心，将他们的注意力引向四川、贵州；其四，混入云南军政府的黔籍宪政派分子的挑拨和鼓动。正是由于这些方面的原因，云南军政府终于用武力夺取了贵州的政权。应该说，这种分析是符合当时实际的。

第三，本书下篇收集的论文涉及的内容广泛，包括辛亥革命前后和贵州的政治、经济、文化、教育、军事、少数民族、社团、人物研究等。这些论文都从不同的角度、不同的侧面，对贵州辛亥革命中的重大问题作了探讨和反思，有的很有启发性。下篇末尾还刊载了亲历辛亥贵阳起义的姚崧龄先生写的《辛亥革命贵阳光复目睹记》，史料价值很高，值得一读。

总之，《辛亥革命在贵州》一书是近年来我省学术界对贵州辛亥革命研究的一个丰硕的成果，它的出版对繁荣我省学术，推动今后对辛亥革命史的深入研究将会起到很大的作用。

当然，本书也存在一些值得商榷的问题，例如上篇《贵州辛亥革命》里说到护国战争结束，似乎拖得有点太长了。一般地说，1912 年 3 月，滇军在贵阳颠覆贵州军政府标志着贵州辛亥革命的失败，如果再往下写也只能写到 1913 年冤怼团活动的失败。将刘显世统治贵州的前三年也列入本书范围，这不论在体例上，还是在内容上都比较勉强了。

太平军在贵州的战斗

1860年、1862年和1863年，太平军石达开部曾三次进入贵州，其中1863年进入贵州的一支太平军，同贵州各族起义军结成一体，并肩战斗，直到1872年最后失败。太平军在贵州的战斗是太平天国革命运动的一部分，目前对它的介绍还不多，本文就此作一概述。

一

1857年，石达开率数万太平军从天京出走后，转战江西、浙江、福建、广东、湖南等省，想从湖南经鄂西入四川。可是1859年在湖南遭到湖南巡抚骆秉章的阻击，被迫退到广西。8月，石达开与国宗石镇吉包围桂林，在这里他们制订了“假道黔境，以窥蜀疆”的新的进军路线。

贵州从1854年以来，在太平天国革命的鼓舞下，就不断爆发各族人民反抗清政府的斗争，到1859年已遍及全省。清政府在贵州的军事力量本来就很薄弱，饷粮又不能自给，而仅有的一点饥疲之卒又被起义军分割在各地，穷于应付。这些都是太平军假道贵州远征四川的有利条件。

1859年9月，太平军撤桂林围，分两路向贵州进军。11月，由翼王石达开亲自率领的一路顺利地经罗城攻占了桂北重镇庆远府城后，便做好向贵州进军的准备。据贵州巡抚蒋蔚远的奏报说：“逆首石达开于九月二十日窜入广西庆远府属，裹胁不下十万余人，自罗城至落墨渡，连营二百余里。十月二十六日，分股由六合墟渡河，窜踞德胜，逼近南丹，意欲由黔入蜀。”（《剿平粤匪方略》卷 228）活跃在黎平府的苗民军，听说太平军要来贵州，纷纷行动起来，“意图勾引石逆，牵制官军”（《平定贵州苗匪纪略》卷 8），迎接太平军入黔。

和石达开进驻庆远的同时，由石镇吉率领的另一路从桂林南下走宾州、武鸣，于 1860 年 3 月到达桂西要冲百色。太平军开始包围百色时，战事进行得较顺利，后来由于内部发生矛盾，敌人乘机反扑，石镇吉败退安定，不幸为土司捕获遇害。

石镇吉虽然在百色失败了，但其部将、宰制曾广依却利用敌人麇集百色之机，率部众迅速撤退到滇、桂、黔三省交界的泗城府西隆州，继续做进军贵州的努力。西隆州与贵州兴义府仅红水江一江之隔，西岸均无敌兵防守。太平军在西隆州日夜扎筏，于 5 月 24 日深夜抢渡红水江，从坝六地方胜利地进入兴义府境。

太平军进入贵州后，立即走贞丰、广顺，在广顺杀在籍翰林院检讨但钟良，得浮财二百余万。接着又西取永宁，南占归化（今紫云），东取独山、定番。10 月，前锋直指省城贵阳附近的青岩汛，贵州巡抚刘源灏困守孤城，一筹莫展。

从进入贵州的太平军的活动来看，他们是想在黔南联合苗族、布依族起义军威胁贵阳，吸引敌人兵力，以创造广西庆远的石达开主力部队，从南丹进军贵州的有利条件，而西取永宁则作为北上大定（今大方）、毕节，远征四川的准备。

然而，在广西庆远的石达开主力部队并没有利用这个有利条件，突入贵州，实现假黔征蜀的计划。

原来，在石达开制订由黔入蜀计划后，在他的部众中，对今后的去向，意见并不完全一致，特别是在广大官兵中“因伙众三江两湖人多，各有思归之念”[①]，更是极力反对这个主张。1860 年 3 月，后旗官兵要求返还江南，宰

① 杨骞主编《太平天国》，黑龙江人民出版社，1995，第 781 页。

辅余忠扶“恃官尊阻挠”，竟为部众所杀，可见斗争之尖锐。不过这还没有动摇石达开假黔征蜀的决心，在曾广依入黔后，石达开立即派“赖裕新等陷河池、思恩各州县，力扑南丹土州，欲由此分道入黔”（《剿平粤匪方略》卷 247）。但就在这时，又出现了“武卫军宰辅蔡次贤亦率统下出江，事漏为元宰所杀”的事件。“由是翼王六部及参议、承宣、仆射等官及统下士兵，纷纷皆欲出江。”（《吉庆元朱衣点等上天王奏》）这一连串的事件，严重地影响了军心，更影响了石达开入黔计划的实现。6 月，在敌人的进攻下，石达开被迫放弃庆远，南下宾州。在宾州他还想作入黔的最后一次努力，“欲绕道思恩出泗城，寻曾广依原路，趋黔以窥蜀”（《剿平粤匪方略》卷 247）。然而严重的事情又发生了，总统先锋朱衣点等三十多位将领联合宣布脱离石达开，“率众东窜，欲回江西，各散贼附之，众数万”（《平桂纪略》卷 3）。太平军连续几次分裂，“达开悍党，十不存二”（《平桂纪略》卷 3），力量大为削弱。石达开意志消沉，被迫放弃入黔计划，转回老家贵县，幻想“隐居山林”。

进入贵州的太平军，由于石达开放弃入黔计划，成为脱离主力部队的孤军。1860 年冬，清政府获悉石达开无意入川，立即谕令在黔东北镇压号军兼顾阻挡石达开入川的贵州提督田兴恕进援省城，全力围剿太平军。

1861 年 1 月，清副将周学桂向太平军的中心据点定番进攻。从当时双方的兵力和所处的地位看，清军并不占优势。太平军以定番为中心，西有长寨、广顺，东有独山，随时可互为声援。此外，又有苗民军配合，十分主动。2 月初，敌人用地雷轰城，“城圮数丈，贼复玩守力拒”[①]，定番安然无恙。但在战事紧张的时刻，太平军内部出现了不团结的现象，“贼首周百元、余诚义等交讧，长寨贼首傅潜德亦与诚义不和，诚义累乞援皆不应，势益蹙”[②]。余诚义孤

① 罗文彬、王秉恩编《平黔纪略》卷八，贵州大学历史系中国近代史教研室点校，贵州人民出版社，1988，第 172 页。

② 罗文彬、王秉恩编《平黔纪略》卷八，贵州大学历史系中国近代史教研室点校，贵州人民出版社，1988，第 172 页。

立无援，无意死守定番。2 月 18 日，定番为清军占领。

定番失守后，太平军明显地分裂为互不联系的两支。一支由主将余明福、丞相余诚义、张顺政等率领，从定番南下独山、荔波，进入广西，不久因广西清军的堵截，又经荔波、黎平转往广西。1861 年 5 月，余诚义、张顺政杀余明福，在广西灌阳降于清军，至此这支太平军瓦解了。

定番分裂后的另一支太平军由曾广依和周百元、傅潜德、张遇恩等率领，从长寨北走安顺、安平（今平坝）、平远（今织金）、大定。4 月，联合黔西北的苗民军与周学桂在毕节城外牛场桥大战，一举全歼敌军，周学桂身受重创，逾日而死。6 月 18 日，太平军“围毕节七十余日不下，浸懈”[①]，张遇恩在城外“观战”，不幸中炮牺牲。6 月 20 日，太平军撤毕节围，西走黔西、桐梓。8 日，进入四川江津和綦江，结束了在贵州的第一次战斗。

1860 年 5 月进入贵州的太平军几乎转战了半个贵州。在这一年多的战斗中，他们虽然没有达到迎接石达开主力部队入黔的目的，但同贵州各族起义军和广大群众却建立了反抗清政府的战斗友谊，为以后太平军再次入黔，打下了良好的基础。

贵州各族人民热烈欢迎太平军，并在人力物力上给予支持。1860 年 8 月，太平军攻占独山就是在苗民军领袖罗光明、栁天成、陈小介等的“引导”下进行的。占领独山后“粤贼居城中，苗教乘势破翁奇，分踞苗翁、四方井相犄角”[②]，有力地配合了太平军。1861 年 3 月，曾广依等北上安顺、平远时，沿途又有布依族叶桂林领导的一支起义队伍“以众附粤贼”(《平定贵州苗匪纪略》卷 8)。广大群众有的“馈贼粮”，有的参加太平军，使太平军得到全歼周学桂的胜利。

太平军入黔直接地推动了贵州各族人民的反清斗争。太平军到黔南时，

---

① 罗文彬、王秉恩编《平黔纪略》卷八，贵州大学历史系中国近代史教研室点校，贵州人民出版社，1988，第 178 页。

② 罗文彬、王秉恩编《平黔纪略》卷八，贵州大学历史系中国近代史教研室点校，贵州人民出版社，1988，第 157 页。

“黔中苗教各匪闻粤匪犯境，复乘机四扰，附省数十里外，遍地皆贼”[①]，起义形势很快出现了新的高涨。太平军入黔又吸引了敌人的主要兵力，有利于各族起义军的发展和壮大。1860年前，兴义府的回民军只占有兴仁一城，太平军进入贵州后，回民军乘势发展，在以后一年多的时间里，占有了兴义府所有的州县。安顺、大定二府的苗族、布依族、彝族起义军，最初是股数众多，时起时散。1861年，在太平军的影响下很快汇合成以猪拱箐为中心的规模巨大的起义队伍。

二

1860年8月，石达开从宾州回贵县时，沿途“各贼目以达开势败，率其众分窜，或散走湖南，或为官军团练截杀”（《平桂纪略》卷4），部众愈来愈少。另外，广西经十余年战乱，田土荒芜，太平军无法得到粮饷的供应和喘息的机会。石达开决心抛弃“归林”幻想，重整旗鼓，再入湖南，继续远征四川。

1861年10月，石达开指挥部众躲开敌人的追剿，从庆远、罗城、融县进入湖南的沅州。1861年1月，太平军沿湘西到达湖北来凤，在这里同从贵州撤回的曾广依部会师。2月，分路向四川进军。

石达开进入四川后，曾想抢渡长江，但几次遭敌人的阻挡没有成功。

抢渡长江失败后，立即又改为抢渡金沙江。鉴于敌人在叙南麕集大量兵练，石达开采取了迂回战术，决定回师綦江，取道贵州，再入滇、川，抢渡金沙江。7月，太平军返回綦江。9月，在綦江以南的东溪开始了取道贵州抢渡金沙江的战斗。

1862年10月初，太平军“分三队，每队三万人”从石濠、温水进入贵州境。“其前队直扑黔西城；中队围攻遵义郡城；后队则在桐梓，时扑县城”（《剿平粤匪方略》卷326）。由于太平军这次进军贵州的目的是避开敌人，争取时间，抢渡金沙江，因而沿途所至“贼无意攻城，数日释围西走，所过乡寨有施放枪炮者，辄摇手止之，或仅索酒食”。[1] 行军十分顺利。

10月下旬，各队太平军先后经遵义到大定，在这里陆续停留二十余日，于11月上旬分南北两路向川、滇进军。北路以石达开为殿后，从毕节、黔西向“云南镇雄州窜去。九月二十四、二十五日分股由焦村直扑筠连，并上窜宜宾之横江镇，意欲抢渡金沙江”（《剿平粤匪方略》卷330）。时滇黔交界“伏莽甚多，石逆所过地方，散练游匪随处响应，裹胁至十余万，贼势倍于日前”（《东华续录》）。

南路太平军由李福猷、曾广依率领于11月初从大定南下，目标是经郎岱、安南（今晴隆）抢渡北盘江，再经普安向云南东川府进军。11月22日，李福猷等进攻郎岱厅城，第二天，将队伍分三队，从郎岱南下毛口河。毛口河属北盘江上游，东岸有毛口地方，地势险要，为通往云南必经之地。11月28日，太平军几乎没有经过什么战斗便在毛口“悉数过河，由安南向云南沾益州一路窜去”（《剿平粤匪方略》卷330），顺利地结束了在贵州的第二次战斗。

太平军这次进入贵州，时间短暂，仅两个多月，并且没有攻占城池，纯属过境性质，但仍受到各族起义军的欢迎和支援。石达开路经黔西北时，同威宁、毕节的苗民、彝民军还建立了政治上的联系。翼王曾授起义军领导人陶新春等以太平军各种官职。据镇压起义军的刽子手刘岳昭在1867年给清廷的奏报中说，在清军攻破猪拱箐，陶新春等被俘时，曾“搜出伪太平天国统兵元帅篆文木印四颗，解至臣营，……佥供于咸丰九年与已斩之熊朝鳞、杨大仁等聚众谋反，曾受伪翼王石逆所封宰辅、巨帅、礼师等伪职”[2]。这里所说的“宰辅”“巨帅”等名目是石达开离天京后新设立的职官名称。至于“礼师”，并不是职称，而是翼王给“师”的名号。

石达开授给陶新春等以太平军官职，说明他对贵州苗民、彝民军是采取团结态度的，也说明陶新春等是愿意接受太平天国的领导的，只是由于石达

① 黎庶昌：《近代中国史料丛刊 拙尊园丛稿》，中国文史出版社，2007，第104页。

② 中共毕节市七星关区委史研究室主编《毕节县志 乾隆 同治 光绪校注本》，方志出版社，2017，第672页。

开急于抢渡金沙江，双方才没有进一步结合起来。

三

1862年12月，石达开抢渡金沙江时，曾派“伪宰辅李福猷一股仍由黔境下趋，以图牵缀大兵”[①]。石达开在大渡河失败后，李福猷救援不及，决定撤出滇黔，前往江西寻找江南的太平军。1863年8月，李福猷等从毕节、黔西、桐梓、绥阳、务川进入四川，接着，沿湘黔交界南下到达湖南的靖州、通道。在这里他们将队伍分为两支：一支由李福猷率领，前往江西；一支由李文彩率领继续留在靖州，等待以后会合。11月中，李福献在道州被阻，只好南下广西，不幸在连州为清军诱捕牺牲，所部瓦解。

李文彩在李福猷走后于湘桂黔三省交界的播阳地方开辟根据地，坚持斗争。李文彩，广西永淳人，“业理发匠，排行七，人皆呼为李七”[②]。1850年在永淳起义，曾参加陈开的大成军。1860年参加石部太平军，并随同远征四川。李文彩勇敢善战，被石达开封为亲天燕，(《骆秉章奏稿》卷5)任宰辅之职。李福猷走后，李文彩受到湘军的围剿，深感人单势孤，想同贵州黎平的苗民军联合，互为声援。

贵州黎平是苗族聚集地区，这里“苗巢错列”“山岭崎岖”。1855年，在黔南苗民军的影响下，黎平苗民纷起响应。1860年，首领余正纪降于古州总兵成应洪，起义又转入低潮。太平军进驻播阳时，黎平苗民受到鼓舞，主动邀请李文彩来黎平共同战斗，文彩慨然应允。11月中旬，太平军从播阳向黎平转移。古州总兵成应洪听说太平军入境，率军阻挡。李文彩在苗民军的配合下，于永从下温全歼来犯之敌，成应洪也被打死，下温大捷使太平军声威

---

① 杨骞主编《太平天国》，黑龙江人民出版社，1995，第782页。

② 《太平天国革命时期广西农民起义资料》编辑组主编《太平天国革命时期广西农民起义资料》，中华书局，1978，第335页。

大震，“官军愈恇怯不敢进”[①]。太平军随即又在永从建立据点，“筑立木城，将为久计，并有苗匪为之前驱，势甚猖獗”[②]。

清政府对李文彩进入贵州深为忧虑，以为“黔中苗教各匪虽煽乱数年，其众究系乌合，若再与该匪合而为一，习其伎俩，必为楚粤黔三省大患”（《东华续录》），谕令湖南、广西迅速派兵入黔“会剿”。但是，这时湖南正集中力量在麻阳、晃州防堵贵州镇远、铜仁的苗民起义军，抽不出足够的兵力来黎平；广西也因应付遍布全省的天地会起义，无力支援贵州。因此，在以后一年多的时间中，太平军联合苗民军不时出没黎平、古州、荔波间，成为贵州各族起义队伍中的一支重要力量。

1864 年 7 月，太平天国首都被湘军攻破。天京失陷标志着太平天国的失败，农民起义开始进入低潮。清政府为了尽快扑灭各地群众起义，除将它的主要力量摆在闽浙直鲁豫皖等战场外，也逐渐加强了滇黔战场的军事力量，而太平军又是它首先要镇压的对象。

国内形势的急剧变化，给入黔太平军的活动带来了困难。李文彩为了在不利的形势下坚持斗争，在 8 月亲自到都匀会见黔南苗民军领导人柳天成、何得胜等，商谈两军合作问题。柳天成同太平军有过合作的历史，何得胜同太平军也发生过间接的联系，他们都愿意同太平军合作。在这次会见后，李文彩便留在都匀，同柳天成、何得胜等共同负起领导太平军和黔南苗民军反清斗争的重任。李文彩都匀之行使太平军和苗民军在斗争中步伐统一，联系加强，这是太平军在贵州坚持斗争长达九年之久的主要原因。

然而不幸的是，就在李文彩去都匀不久，留在黎平的太平军发生了变化。驻在永从小黄地方的太平军头目陈辉良企图叛变投敌。1865 年 4 月，陈辉良杀死反对投降的吴华，降于来黔援剿的桂军副将杨廷桂，所部精壮老弱五千

① 贵州省文史研究馆校勘《贵州通志·前事志》（第 3 册），贵州人民出版社，1988，第 942 页。

② 贵州省文史研究馆校勘《贵州通志·前事志》（第 3 册），贵州人民出版社，1988，第 940 页。

多人全部被遣散。驻守在下江等地的太平军虽然以后转移到都匀，但人数只有三千多人，力量大为削弱。

从1866年起，清政府陆续调兵，加强对贵州各族起义军的镇压。这年下半年又派出了湘、川、滇等省的军队，向苗民军分路出击。1867年7月，云南巡抚刘岳昭、布政使岑毓英首先攻破了黔西北苗民、彝民军的根据地猪拱箐。第二年春夏间，席宝田的湘军和唐炯的川军共四万余人，联合攻占了石阡、湄潭的苗民军根据地荆竹园和偏刀水。7月，唐炯的川军又包围了苗民军的最后一个据点平越上大坪。

上大坪由黄号首领何得胜据有。1867年，何得胜病死，"其妻黎氏为平越仲苗，继统其众"(《瓮安县志》卷3)。为对付清军的进攻，何黎氏邀李文彩协助防守。1868年8月，唐炯久攻上大坪不下，改用政治诱降。何黎氏、东震王何瑞唐、李文彩等经不起敌人的引诱，于8月16日开寨门投降。从湄潭逃来上大坪的灯花教主刘仪顺及秦崽崽乘间从小路逃走，也在中途"被官兵擒获"[①]，坚持斗争十三年的号军，最后失败了。

11月，唐炯扎委李文彩为川军守备，妄图利用李文彩到都匀对太平军和苗民军"办理招安事宜"[②]。李文彩一到都匀便毅然"叛去"，重新回到起义队伍中来。

号军的失败，使黔南苗民军的斗争更加艰苦。1869年4月，贵州提督张文德从湖南募来配有洋枪洋炮的楚勇三千人，在黔军的配合下分路进剿都匀、八寨。在敌人的威逼下，"苗寨降附者共千余起"，形势危急。张文德被胜利冲昏了头脑，指挥所部"滚营前进"，冒险深入。6月，当到达都匀东南的普安司、羊安等地时，给养发生困难。张文德派人到独山、贵定购粮，也因

① 关于刘仪顺的被擒，各书记载不一。《平黔纪略》说是刘俊民、李文彩等"禽以献"；崇实给清廷的奏报说是生员徐舒"生擒到营"。此处据唐嘉弘《关于刘仪顺的史料》，(《历史研究》1956年第10期。

② 贵州省文史研究馆编《续黔南丛书 第7辑 下 援黔录 外五种》，贵州人民出版社，2014，第922页。

“粮贵道远，不以时至”，所部兵勇“日有逸亡”[①]，陷于进退失据的窘境。

柳天成、李文彩等决定利用这个有利时机消灭敌人。张文德察觉形势不妙，于7月中令所部开赴独山就粮。可是当队伍刚到羊安高坡搂山口时，突然被事先埋伏的起义军包围，总兵马永胜以下官十多人被击毙，张文德受重伤落荒而逃。接着，柳天成、李文彩又“引众十余万，环攻驻郡诸营……兵勇死者数千人”。经过这次打击，张文德“所部三十余营全行溃没，弃失开花炮洋炮甚多”，黔南形势暂时稳定下来。

1870年11月，川军回川，周达武正式就任贵州提督，接管川军防地。周达武采取先定黔南，再与湘军会师合剿清水江流域苗民军的方针。12月，派副将何雄辉进攻太平军据点平浪。李文彩想用伪降办法消灭何雄辉，没有成功。不久，双方在麦冲大战，何雄辉败逃。1871年4月，提督何世华再次进攻平浪。在这次战斗中，李文彩负伤，率部撤到黔桂边界。5月，何世华向苗民军根据地斑竹园进攻，柳天成不幸为叛徒黄英祥刺杀，斑竹园所属各寨堡先后为敌人荡平。至5月底，都匀为敌人攻陷，黔南苗民军也失败了。

李文彩退到黔桂边界后，8月，同李高脚率部经三角耆圭（今三都）北上，到雷公山往投张秀眉领导的苗民军。

这时张秀眉领导的苗民军，处境也十分不利。1870年5月，席宝田的湘军夺取了苗民军根据地门户施洞口。11月，再陷根据地中心台拱厅。1871年5月，黔东南重镇凯里又为湘军攻占。这年冬天，周达武部也从黄平、麻哈“进窥苗疆”，苗民军处于三面被围之势。

李文彩到雷公山后，受到起义军领袖张秀眉的欢迎。文彩“为画策，张酋重倚之”[②]。然而李文彩、张秀眉终究无法扭转不利的形势。苗民军在敌人进逼下，分别集中在台拱、凯里间的香炉山和乌鸦坡，活动范围日益缩小，粮食给养困难。李文彩建议张秀眉“广集苗船，乘春水涨发，引众浮清水江东，

---

① 罗文彬、王秉恩编《平黔纪略》卷十六，贵州大学历史系中国近代史教研室点校，贵州人民出版社，1988，第442页。

② 徐家干：《苗疆闻见录》，吴一文校注，贵州人民出版社，1997，第224页。

迳指洪江，下趋常德，以扰湖南腹地，张酋恋于室家，又虑离巢失险，不果行”[①]。

1872年春，湘黔军猛攻乌鸦坡香炉山。张秀眉见形势危急，只好由李文彩率香炉山部众突围走湖南，张秀眉继续留在雷公山战斗。

4月底，李文彩率军从香炉山突围，抢渡重安江，进入施秉境。由于撤退仓促，又有敌人前阻后追，战士死伤甚多。5月12日，李文彩等行至思州镇远间的牛塘被敌人包围，经血战不胜，李文彩在混战中牺牲。至此，坚持长达九年之久的太平军余部最后结束了在贵州的战斗。

---

① 徐家干：《苗疆闻见录》，吴一文校注，贵州人民出版社，1997，第224页。

太平军在贵州的两个问题

一、太平军几次进入贵州

太平军几次入黔，它们的来龙去脉如何，说者不一，踪迹纷乱。我以为从1860年到1872年，太平军大规模地进入贵州战斗，先后有三次。

第一次是1860年5月到1861年8月，领导这次入黔战斗的是曾广依、余诚义、张遇恩等人。1857年，石达开率数万太平军从天京出走，转战江西、浙江、福建、广东、湖南等省，想从湘西北上越鄂西去四川。可是1859年在湖南宝庆遭到湘抚骆秉章的阻击，无法北上，被迫退到广西。8月，由国宗石镇吉率领的另一支太平军包围桂林，也没有取胜。就在这时，他们制定了"假道黔境，以窥蜀疆"的新的进军路线。

贵州从1854年以来，在太平天国革命的影响下，各族人民不断发动反抗清政府的起义，到1859年，起义烈火已遍及全省。清政府在贵州的军事力量本来就很薄弱，饷粮也不能自给，而仅有的一点饥疲之卒又被起义军分割在各地，穷于应付，这些都是太平军假道贵州远征四川的有利条件。

1859年11月，从湖南退到广西的石达开部经全州、兴安、灵川、龙胜、永福、永宁、罗城到达桂北重镇庆远府。据贵州巡抚蒋霨远奏报说："逆首石达开于九月二十日窜入广西庆远府，裹胁不下十万余人，自罗城至落墨渡连营二百余里。十月二十六日分股由六合墟渡河，窜踞德胜，逼近南丹，意欲由黔入川。"(《剿平粤匪方略》卷228)活跃在贵州黎平府的苗民军听说太平军要来贵州，纷纷行动起来，“意图勾引石逆，牵制官军”，(《平定贵州苗匪纪略》卷8)迎接太平军入黔。

但是石达开由黔入蜀的计划，在他的部众中，意见并不完全一致，特别是来自三江两湖的官兵，“各有思归之念”，极力反对远征计划。1860年3月，石达开所部后旗官兵要求返还江南，宰制余忠扶“恃官尊阻挠”，竟为部将所杀，可见分歧之严重。

余忠扶死后，部众分解，其中支持余忠扶的一支，由主将余明富、丞相余诚义等率领由庆远出发西走思恩、河池、南丹土州，于4月下旬进入泗州府西隆州，继续做进军贵州的努力。与此同时，由石镇吉率领的太平军在撤围桂林后，经宾州、武鸣，于1860年3月到达桂西要冲百色。太平军开始包围百色时，战事进展顺利，不久，由于内部发生矛盾，敌人乘机反间，石镇吉败退安定，不幸为土司捕获牺牲。石镇吉于百色溃败后，部众由宰制曾广依率领也退到敌人力量薄弱的滇黔桂三省交界地区的泗城府西隆州，于是曾广依与余明富、余诚义等会合，共同开始了向贵州进军的战斗。

泗城府西隆州与贵州兴义府仅红水江一江之隔，两岸均无敌兵防守。太平军在西隆州日夜扎筏，于5月24日深夜抢渡红水江，从坝六地方顺利进入兴义府境，以后太平军陆续从这里入黔，直到6月上旬。

有的书认为：第一支进入贵州的是靖王（引者按：应是平靖王)李文茂率领的太平军先遣队，时间在1858年7月。[①] 这是不正确的。李文茂是广东鹤山人，1857年与陈开共同在广东佛山起义，次年9月转战广西浔州，建立大成国，文茂自称平靖王。1858年5月，李文茂为广西按察使蒋益澧所败，于10月从柳城退到贵州黎平。11月，文茂再回广西，不久死于怀远山中。上述事实说明：①李文茂并不属于太平天国系统；②李文茂于1858年10月入黔时石达开部尚在福建，李与石相隔千里，更谈不上是太平军的先遣队。

进入贵州的太平军在6月上旬抵达贞丰州境。在这里他们将队伍分为两

① 周春元、何长凤、张祥光主编《贵州近代史》，贵州人民出版社，1987，第63页。

支，一支从贞丰州出发经者相北上，渡北盘江，于6月下旬进入永宁州境，并先后转战镇宁、安顺、安平（今平坝）等地。7月中，经龙里“昼夜狂奔，由都一带下窜”，8月18日占领独山州城。（咸丰十年九月刘源灏奏，《军机处录付奏折》）另一支则“由红播枝涉浅过河，窜至归化厅属之播东地方，经扑厅城”。（咸丰十年六月刘源灏奏，《军机军录付奏折》）6月底，太平军占归化城，分军到长寨、广顺、定番（今惠水）等地活动，前锋到达贵阳以南五十里的青岩汛城。9月上旬又弃归化占领“北屏省会，南接粤西”的定番州城。入黔太平军占有独山、定番，其意图显系牵制黔境敌军迎接广西太平军入黔。

当时，在广西庆远的石达开本想利用这一时机进入贵州。据广西巡抚刘长佑奏称：“此次曾广依入黔后，石逆尚踞庆远，逆党赖裕新等陷河池、思恩各州县，力扑南丹州，欲由此分道入黔。经该土知州莫树棠等集团堵截，毙匪不下数千，该逆势不能支，乃折回庆远，石逆逐率而南，盖欲绕道思恩出泗城，寻曾广依原路趋黔以窥蜀也。”（《剿平粤匪方略》卷247）但是石达开这次入黔计划仍未实现，最主要的原因还是部众不愿远征四川。在1860年3月宰，制余忠扶被杀事件发生不久，又出现了武卫军宰辅蔡次贤率众出江事泄为元宰所杀的悲剧。6月，总统先锋朱衣点等三十多名将领率众数万脱离石达开，单独行动。经过这几次分裂，“达开悍党，十不存二”（《平桂纪略》卷4）。在众叛亲离的处境下，石达开意志消沉，被迫放弃远征四川的计划，决定返还老家贵县，“隐居山林”。由于石达开改变了入黔计划，使得已经进入贵州的太平军成为孤军。

广西太平军的分裂也影响到贵州太平军的团结。就在1861年1月，石达开从庆远南下回贵县准备“隐居山林”之时，占有独山的太平军率先经上、下民司退到广西南丹。[①] 与此同时，清将田兴恕也率部从黔东北赶到贵阳，向定番发动猛攻。驻守定番的太平军首领“周百元与余诚义交讧相残”，长寨的

① 罗文彬、王秉恩编《平黔纪略》卷八，贵州大学历史系中国近代史教研室点校，贵州人民出版社，1988，第169页。

傅潜德“亦与诚义不和，诚义累乞援。皆不应”[①]。1861年2月18日，定番失守，接着长寨也被敌人占领。

定番、长寨失守后，入黔太平军分裂为两支，一支由主将余明富、丞相余诚义、张顺政等率领从定番南下，经独山州境，于3月到达广西南丹。在南丹因受广西官军的阻挡，又折回贵州荔波，经古州（今榕江）、黎平进入湖南通道，以后在广西灌阳降于官军。这支从贵州入广西，又从广西再入贵州的太平军不能算是第二支入黔太平军。定番失守后的另一支太平军由丞相张遇恩、傅潜德、周百元等率领北走安顺、平远（今织金）、黔西、大定（今大方）和毕节。太平军包围毕节七十余日，6月18日，张遇恩在察看前线时，不幸中炮牺牲。[②]第二天，太平军撤围毕节，西走黔西、桐梓，转战四川江津、綦江，太平军结束了在贵州的第一次战斗。

太平军第二次入黔是在1862年10月至12月，前后只有两个多月，这次入黔是由石达开亲自率领指挥的。

原来石达开回到贵县后，清军仍穷追不舍，不容许达开“隐居山林”；另外，广西经过十几年的战乱，人民死伤流离，田土荒芜，太平军无法得到充足的给养。在残酷的现实面前，石达开被迫丢掉幻想，重整旗鼓，决定再入湖南，远征四川。1861年10月，太平军在石达开的指挥下，避开清军的围剿，从桂北庆远、融县进入湖南绥宁，并沿湘西北上，于1862年1月到达湖北来凤。2月，太平军分路向四川进军。3月，曾在石驻作抢渡长江的尝试，为川军所阻，于是西趋涪州（今涪陵）。涪州地处长江以南嘉陵江以西，是川东南重镇。4月初，太平军猛攻涪州城，不下；又转攻綦江。为阻挡黔军援川，石达开分兵三千从南川进入贵州正安、桐梓县境。5月上旬，太平军久攻綦江未

① 罗文彬、王秉恩编《平黔纪略》卷八，贵州大学历史系中国近代史教研室点校，贵州人民出版社，1988，第172页。

② 张遇恩的职衔为仰天燕、秋官丞相，见民国《平坝县志》《毕节县志稿》、余昭：《平東拱菁苗匪记》。但《太平天国时期贵州农民起义军文献》的蝠者将“太平天国钦差大臣冬官正丞相张”释为张遇恩，待考。又，张遇恩亦宰制。

能得手，决定经贵州仁怀，由山径潜行，进入四川兴文、长宁、珙县，准备在江安抢渡长江，但这次行动又遭到失败。

在接连几次失败后，石达开又制定了返还綦江取道黔西北，再入川滇，在敌人力量薄弱的金沙江抢渡计划。7月，太平军退出叙南，返回綦江，开始了第二次进军贵州的战斗。

1862后10月，太平军从綦江东溪、石濠、温水进入贵州桐梓。在这里又将队伍分为前中后三队：前队经鸦溪向黔西、大定进军；中队从桐梓直趋遵义，再走黔西、大定、毕节；后队从桐梓走绥阳，目的是牵制敌军。(《剿平粤匪方略》卷326）10月下旬，后队在完成任务后，“复向大定与前窜定邵之匪合股，肆扰窥伺郡城”(《剿平粤匪方略》卷328)。由于太平军这次进军贵州的目的是争取时间，趁敌人兵力未集结前抢渡金沙江，因而沿途至“无意攻城，数日释围西走。所过乡寨有施放枪炮者，辄摇手止之，或仅索酒食”[①]。沿途没有发生激烈的战斗。

1862年11月，太平军各队陆续到达大定府。在大定，将部队分为南北两路，分别向川滇进军。北路从毕节、黔西越云南镇雄分五股由焦村直扑筠建；(《剿平粤匪方略》卷328)南路从大定南下郎岱，猛攻郎岱厅城。11月下旬，撤围郎岱，“一股窜永宁州之关岭，一股前队窜至郎岱安南交界之毛口河，后队尚踞厅属打铁关地方”(《剿平粤匪方略》卷330)。12月初，太平军悉数渡毛口河，经安南（今晴隆)普安厅进入云南沾益、东川府巧家厅，太平军完成了在贵州的第二次战斗。

太平军第三次进入贵州战斗是在1863年11月至1872年4月，这次时间最长，有九年之久。

1862年底，石达开在抢渡金沙江时，曾派宰辅李福猷、李文彩等在滇川黔交界地区作流动战，以图牵缀敌军。达开失败后，李福猷、李文彩从云南镇雄再入贵州，经毕节、黔西、仁怀、遵义、桐梓、绥阳、正安、务川转

① 黎庶昌：《近代中国史料丛刊 拙尊园丛稿》，中国文史出版社，2007，第104页。

入四川；接着穿鄂西，再进湖南，沿湘黔边界的松桃、铜仁南下到湖南靖州通道。

李福猷、李文彩退到靖州通道又将队伍分为两支，一支由李福猷率领前往江西，寻找江南太平军。1863年11月，李福猷在道州被阻，被迫南下广西怀集、广东连州，不幸为清军诱执，牺牲。另一支则由李文彩率领继续留在靖州通道，并在播阳地方开辟根据地，坚持斗争。不久，李文彩在敌人围剿下，深感人单势孤，决定再入贵州。11月，文彩从播阳转战至贵州黎平府的永从。此后，这支太平军同黔南、黔中、黔东南苗号起义军密切合作，并肩战斗，再也没有离开贵州，一直坚持到1872年贵州各族人民大起义最后失败为止。

以上就是太平军先后三次进入贵州战斗的概况。上述三次进军贵州中的一、二次完全是一种“假黔入蜀”的过境性质的军事行动，时间短暂；第三次则是以贵州为家的战略性的转移，不再属于过境性质的活动了。因此，李文彩率领的这支入黔部队既是太平军的余部，又是贵州各族人民大起义的组成部分。

二、关于李文彩

李文彩，广西永淳人，“业理发匠，排行七，人皆呼为李七”①。洪秀全等人在广西发动金田起义时，李文彩也在永淳起义响应。1856年，参加陈开、李文茂领导的大成军；1860年，石达开回广西时又归附太平军，第二年随同石达开沿湘黔边界北上远征四川。文彩勇敢善战，敌人说他“凶狡异常”，很快被石达开封为亲天燕，任宰辅之职。1863年，李文彩同李福猷从滇黔川三省交界地区退到湖南，福猷在广东失败后，李文彩再次进入贵州战斗。

在李文彩贵州九年战斗的经历中，有三个问题引起了人们的注意和研究。

① 《太平天国革命时期广西农民起义资料》编辑组主编《太平天国革命时期广西农民起义资料》，中华书局，1978，第335页。

这三个问题是：

◆向川军统领唐炯投降的问题；

◆擒拿灯花教主刘仪顺的问题；

◆ 1872 年贵州各族起义失败时，李文彩的结局问题。

下面对以上问题讲几点不成熟的看法。

1. 关于李文彩投降的问题

1868 年春，川楚军攻占白号根据地湄潭偏刀水，接着，唐炯指挥川军又包围了黄号根据地瓮安上大坪。当时黄号首领何得胜已死，部众由何黎氏、何瑞唐统率。偏刀水被攻破后，教主刘仪顺、秦崽崽也来到上大坪。何黎氏为抵御敌人进攻，邀请李文彩协助防守。唐炯久攻上大坪不下，采用惯用的诱降伎俩，派人上山劝说。何黎氏、何瑞唐、李文彩等集议，决定放下武器停止战斗。8 月 16 日开寨门降于川军，黄号从此瓦解。

怎样看待有李文彩参与的这次投降事件？我以为这是一个严重的政治错误，事件本身表明他们对斗争前途已经失去信心，而屈服于敌人的威胁和利诱。然而更重要的还是拱手交出上大坪对贵州各族起义产生的极为不利的后果。上大坪是号军的最后一个根据地，它的瓦解标志着坚持十三年斗争的号军起义最后失败，而号军的失败又导致黔东南的苗民军处于孤立之势，进而陷于川楚、黔军三面包围的危境。因此，上大坪的瓦解，加速了贵州各族人民大起义的失败。上大坪投降应该受到谴责。

但是，上大坪的投降，其主要责任不能归咎于李文彩，因为李文彩毕竟是应邀协助防守的客军，况且还应该看到的是此后李文彩并没有死心塌地投靠敌人，没有像潘明杰那样手持屠刀去残杀昨天还是自己战友的起义群众。上大坪瓦解后，唐炯想利用李文彩到都匀、八寨招降苗民军及其旧部。11 月扎委李文彩为守备，派往都匀。李文彩没有为五品顶戴所动，到都匀后毅然又回到起义队伍中去，继续进行武装反清斗争。李文彩仍然是一位出色的农民起义领袖。

至于 1871 年 2 月李文彩在平浪降于何雄辉一事，完全是有计划的伪降，其目的是“阴欲假雄辉道入都匀”[①]，这在《平黔纪略》一书中说得很清楚，不再赘述。

2. 关于拿获刘仪顺的问题

刘仪顺是灯花教主，号军的宗教领袖。1868年春，偏刀水失守后转移到上大坪。何黎氏等降于川军时，刘仪顺和秦崽崽逃出上大坪，行至杨保河又被擒获，唐炯将他解往成都遭杀害。关于刘仪顺被擒一事，各书记载不一，归纳起来有三种说法。

川军统领唐炯称：“刘仪顺、秦崽崽乘间率徒党数千人由乌郎僻境逃窜，图入苗疆，刘俊民、王虎臣、刘顺成、李文彩追至杨保河，生擒以献。”（唐炯：《援黔录》）

唐炯的上司四川总督崇实称：“刘仪顺偕秦崽崽乘间潜逃，图窜苗地，经生员徐舒等追至杨保河将刘仪顺、秦崽崽生擒到营，……”（唐炯：《援黔录》）

刘仪顺供词：“二十八日，官兵将寨子攻破，我与秦崽崽逃出，被官兵拿获。”

还有一些记载，大部分属于上列三种说法，不一一列举。这里需要研究的是李文彩是否参加了擒拿刘仪顺的活动，上列三种记载哪种较为可靠？

我以为刘仪顺的供词是可信的，这是因为：①唐炯、崇实的说法互不吻合，令人怀疑其可靠性。唐炯是四川总督派到贵州镇压苗号起义军的川军总指挥，在黔的一切活动均受川督节制，一切军事事宜必须向川督禀报；崇实向清政府奏报贵州军事则是根据唐炯的禀报写成的。然而对擒获仪顺一事，唐炯向崇实禀报说是刘俊民、王虎臣、刘顺成、李文彩等人，而崇实向清政府的奏报却说是生员徐舒。两人的说法已不是情节上的出入，而是事实上的不同，在未获确证前，实难取舍。②刘仪顺是贵州号军的教主，敌人早就下令以二千两白银悬尝捉拿，如果李文彩参加了捉拿刘仪顺的活动，何以在公私文书中均无奖赏李文彩的记载。在唐炯扎委李文彩为守备的禀报中，也只说：“此等老贼本

① 罗文彬、王秉恩编《平黔纪略》卷八，贵州大学历史系中国近代史教研室点校，贵州人民出版社，1988，第492页。

属罪无可赦，然以贼攻贼行师要策，卑府已贷其一死……”(唐炯：《援黔录》)丝毫没有提到李文彩擒获刘仪顺有功事。③清政府接到攻拔上大坪的奏报后，曾颁发上谕对有功人员加官晋级，受赏的没有李文彩，却对生员徐舒给予“以知县，不论双单月即选”(唐炯：《援黔录》)的奖赏。这些都说明拿获刘仪顺的不是李文彩。因此，在未取得确凿证据前，而以刘仪顺的供词“被官兵拿获”为准，是比较妥当的。

3. 关于李文彩的结局

1870年11月，川军统领唐炯与贵州大吏不和，率所部回川，清政府以周达武为贵州提督负责镇压各族起义。不久，黔南都匀等地的起义队伍先后失败，李文彩在平浪的据点也被踏平。1871年，李文彩转战到雷公山，往投张秀眉的苗民军。但这时苗民军的处境也日愈不利。席宝田的楚军在1870年先后夺取了苗民根据地施洞口、台拱和凯里。周达武在镇压了黔南苗民军后，也从清平、黄平“进窥苗疆”。张秀眉领导的苗民军活动范围被限制在雷公山周围。李文彩认为死守家乡没有出路，建议秀眉“广集苗船，乘春涨发，引众浮清水江东走洪州，趋常德，以扰湖南腹地。张酋恋室家，又虑离巢失险，不果行”[1]。1872年春，黔楚军分别向乌鸦坡、香炉山进剿“诸渠麇聚，粮愈少，贼中斗米银三两，糠核斗钱千六百”[2]。张秀眉见形势危急，决定由李文彩、李高脚率众东走湖南以扰敌后，他自己继续留在雷公山同敌人周旋。

1872年5月，李文彩等行至思州（今岑巩)镇远间的牛塘被敌军包围，大战不胜，所部溃散，李文彩在贵州的战斗至此结束。在牛塘大战中，李文彩的下落如何，对此有以下四种记载：

初六日，(宇文)秀、(李)得贵追至，围而聚歼之，以捡积尸，始知李

① 萧万源等主编《中国少数民族哲学史》，安徽人民出版社，1992，第420页。

② 罗文彬、王秉恩编《平黔纪略》卷八，贵州大学历史系中国近代史教研室点校，贵州人民出版社，1988，第520页。

文彩、李高脚皆死乱军中告，枭首送周达武营。[1]

初六日……李宰辅、李高脚纠合残匪遁匿牛塘，锺开兰、宇文秀即令提督李启贵，知县夏葆祚等同往乾溪兜剿……锺开兰、宇文秀前后夹击，周振琼等复左右包抄，立擒伪王李宰辅及李高脚之弟伪三王李三，斩李高脚于阵……宇文秀因李宰辅伤重，即就军前处以极刑，并将李高脚剖尸，一同割取首级解赴臣达武营验明，传示各属以昭炯戒。（《平定贵州苗匪纪略》卷36）

渠贼死亡，自古率多疑案。军中偶胜，或夺某巢，辄报贼某死乱军中……今奏报中，即明称军前正法如包茅仙、陈乔生，旋又获之；又若李文彩、王超凡犹有能指其不尚在者，皆其类也。（《平黔纪略·例言》）

文彩“已先于三月弃苗疆而逸，不知所终”[2]。

上述四种记载，第一种是《平黔纪略》的作者根据锺开兰等人的禀报写成的，其词含混，经不起推敲。因此贵州巡抚曾璧光、提督周达武向清廷奏报这次战役时，便将“以捡积尸始知李文彩、李高脚皆死乱军中”改为“立擒伪王李宰辅”表明李文彩确为官军所获；但终究又无法交出活的李文彩，于是笔尖一转又写出只因“伤重，即就军前处以极刑”。这就是上述的第二种记载。第三种记载是《平黔纪略》作者罗文彬、王秉恩自己的看法。罗、王亲历咸同起义的，在编纂《平黔纪略》时，已经发觉锺开兰等人的禀报是有破绽的，并且他们也听说李文彩确实没死，甚至“犹有能指其尚在者”，因而在该书的例言中才特别注明“渠贼死亡，自古率多疑案……”，提醒读者，不能完全听信官方禀报。罗文彬、王秉恩的态度是严肃的。第四种记载出自《苗疆闻见录》的作者徐家干。徐家干是楚军的幕职人员，苗民军失败后，继续随军驻守在黔东南。在他任职期间，将亲见亲闻的有关苗民起义故事随手记录，辑为《苗疆

① 罗文彬、王秉恩编《平黔纪略》卷八，贵州大学历史系中国近代史教研室点校，贵州人民出版社，1988，第524页。

② 徐家干：《苗疆闻见录》，吴一文校注，贵州人民出版社，1997，第224页。

闻见录》一书，保存了很多珍贵资料。书中说的李文彩“已先于三月弃苗疆而逸，不知所终”指的就是李文彩从香炉山率众东走之事。

综上所述，可以看出第一、第二种记载均出于官方，含有报功请赏之意，可疑之处甚多。第三、第四种记载以存疑的态度记述李文彩的结局，我认为是可以相信的。因此，李文彩在牛塘大战中可能没有战死，至于他逃往何处，已是一个难解之谜。

鸦片战争时期反侵略的爱国思潮

毛泽东同志说："帝国主义和封建主义相结合，把中国变为半殖民地半封建的过程，也就是中国人民反抗帝国主义及其走狗的过程。"① 鸦片战争是帝国主义侵略中国的开始，也是中国人民反抗帝国主义侵略的开始。在鸦片战争期间的中国人民反侵略斗争中，一部分具有进步倾向的爱国的地主阶级知识分子，在民族危机的刺激下，通过不同的方式，表达了他们反侵略的爱国思想，有的还亲身参加到抗英斗争的行列中去。这些士大夫的反侵略爱国思想和活动，是中国人民反抗外国资本主义侵略斗争的组成部分。这部分士大夫人数不多，影响不小，其主要代表有龚自珍、林则徐、魏源、黄爵滋、包世臣、张穆、陈庆镛等人。本文主要是介绍他们在鸦片战争时期主张禁烟、抵抗侵略的爱国思想。

坚决反对英国的鸦片侵略，主张严厉禁止鸦片

以英国为首的西方资本主义国家，在用一般商品无法打开中国市场大门的情况下，就无耻地用鸦片作为侵略中国的工具。因此，中华民族同外国侵略者的矛盾主要表现为反贩毒和贩毒的斗争。鸦片是这个斗争的焦点，反对毒品鸦片，严厉禁止鸦片是民族自救的主张，是符合中华民族利益的。

对于英国的鸦片侵略，早在嘉庆末和道光初年，就有一部分有识之士怀着忧国忧民的心情，发出禁烟的呼声。为此，清政府陆续颁布了一些禁令，

① 毛泽东：《毛泽东选集》（四卷合订本），人民出版社，1969，第395页。

只是由于各级官员敷衍搪塞和英国鸦片贩子的破坏，禁烟没有收到任何效果。道光中叶以来，烟毒泛滥日益严重。在北京，一部分具有进步倾向的士大夫，如黄爵滋、陈庆镛、吴嘉宾、张亮际、臧纡青等人经常集会，议论时政，发起禁烟，要求政府采取果断措施严禁鸦片。“一时文章议论，掉鞅京洛，宰执亦畏其锋。”（《水窗春呓》，转引《鸦片战争时期思想史资料选辑》，第14页）

1835年，鸿胪寺卿黄爵滋上《敬陈六事疏》，指出：中国白银因购买鸦片而“漏出外洋者不下二三千万，以无用有害之物，毒害中国之人，而又竭中国之财，夷计之狡莫甚于此”。如何禁止鸦片，黄爵滋认为：“欲截其流，但塞其源，应清皇上饬令两广总督，责成水师提督，严查大屿山之屯船及转运之快蟹，交易之窑口，立置重典。一面檄知该夷国王，嗣后夷船不准装载此物，如违即照汉奸治罪，若不如此严禁，臣恐此患竟无底止矣。”（《黄爵滋奏疏·许乃济奏议合刊》黄奏卷五，《严塞漏卮以培国本疏》）当时在清政府内部有一部分官僚如许乃济，以禁烟多年毫无成效为理由，主张开放烟禁，并建议将鸦片作为药材纳税进口，中外贸易只准以货易货，不准用银购买，民间种植吸食听便。许乃济的主张单纯着眼于堵塞银漏，却有利于中外鸦片贩子倾销鸦片，立即遭到爱国士大夫的反对。

1838年，黄爵滋再上疏详陈鸦片之利害，指出：过去禁烟之所以失败，完全是由于官员士兵买放和中外鸦片贩子的破坏。他针对过去禁烟出现的弊病和烟毒泛滥的严重性，提出由重治吸食着手的禁烟措施。办法是限吸食者一年戒除，逾期处以死刑，官员吸食照常人加等治罪。（《黄爵滋奏疏·许乃济奏议合刊》黄奏卷五，《严塞漏卮以培国本疏》）黄爵滋的两篇奏疏，前者治外，着重于断源；后者治内，着重于断流。两篇奏疏反映了爱国士大夫的共同意见和主张，以后他的好友林则徐在广东禁烟，基本上就是照他的意见办的。

赞成采取严厉措施禁绝鸦片，并认真执行的是林则徐。林则徐（1785—1850），字少穆，福建侯官人，曾任巡抚、总督等职，为官清正廉明，在进步士大夫中声望最高。林则徐在湖广总督任内，积极支持黄爵滋的主张。他通过暗访密查，深知烟毒泛滥给士农工商各阶层带来的严重危害，认为“鸦片之为害甚于洪水猛兽，即尧舜在今日，亦不能不为驱除，圣人执法惩奸，实为天下万世计。而天下万世之人，亦断无以鸦片为不必禁之理”①。

林则徐除了赞成黄爵滋的主张外，还建议清政府对官府中的吸食者从严惩治，“衙门中吸食最多，如幕友、官亲、长随、书办、差役，嗜鸦片者十之八九，皆力能包庇贩卖之人，若不从此严起，彼正欲卖烟者为之源源接济，安肯破获以断来路？”②他针对当时所谓恤刑论者提出：“当鸦片未盛行之时，吸食者不过害及其身，故徒杖已足蔽辜；迨流毒天下，则为害甚巨，法当从严。若犹泄泄视之，是使数十年后，中原几无可以御敌之兵，且无可以充饷之银。”③

1838年底，清政府任命林则徐为钦差大臣前往广东查禁鸦片。林则徐在广州的禁烟政策是：对内区别兴贩开馆和一般吸食者，对兴贩开馆严厉打击，对民间一般吸食者则要求按限戒除，不再追究，逾期不戒者，依法严办；对外区别鸦片贩子和正当商人，对鸦片贩子限令交出所有的鸦片，并保证以后不再贩运，否则“人即正法，货尽没官”。对从事正当贸易的外国商人，一律保护。林则徐不赞成封关禁海，将外商一概拒于国门之外，认为这样做对中国来说不但不能防止鸦片的输入，而且妨害了人民的生计；对外国来说是“将现未犯法之各国夷船，与英吉利一同拒绝，是违抗者摈之，恭顺者亦摈之，未免不分良莠，事出无名”(《覆陈曾望颜条陈封关禁海事宜》折，《鸦片战争》，第201页)，不符合“以夷治夷”的“控驭之法”。他向外商表示禁烟决心说：“若鸦片一日不绝，本大臣一日不回，誓与此事相始终，断无中止之理。”

由于林则徐认真执行比较正确的政策，又得到广大群众的支持，使得禁烟运动收到了前所未有的效果。1839年6月3日至21日，他亲自督率广东

---

① 林则徐：《密陈夷务不能歇手片》，载郑振铎《晚清文选》，西苑出版社，2003，第6—7页。

② 林则徐：《钱票无甚关碍宜重禁吃烟以杜弊源片》，载蒋世弟，吴振棣《中国近代史参考资料》，高等教育出版社，1988，第73—74页。

③ 林则徐：《钱票无甚关碍宜重禁吃烟以杜弊源片》，载蒋世弟，吴振棣《中国近代史参考资料》，高等教育出版社，1988，第74页。

军民将收缴的120万千克鸦片在虎门滩当众销毁，禁烟运动取得了重大胜利。应该说这些胜利的取得也是同当时进步的爱国士大夫的呼吁、支持分不开的。

主张以武力反对英国的武装侵略

1840年6月，英国以中国禁烟为借口，挑起了武装侵略中国的战争——鸦片战争。鸦片战争从英国方面来说完全是侵略的非正义的战争，从中国方面来说则是抵抗侵略的自卫的正义战争。如何对待英国发动的这场战争，在清朝统治集团内部是有分歧的。一部分官僚贵族，如大学士穆彰阿、直隶总督琦善、盛京将军耆英、两江总督牛鑑等，害怕敌人的船坚炮利，害怕对外战争，主张对英妥协。直隶总督琦善在英军到达天津时就散布战必败的失败主义论调，说："天津拱卫京师，已属扼要之区，且近接盛京，尤为根本重地，欲求处处决胜，时时常胜，臣实不免存意外之虞……且本年既经击退，明岁仍可复来，边衅一开，兵祸莫释……而频年防守，亦不免费饷劳师。"(《筹办夷务始末》卷14，《晓谕懿律及英船全行南旋折》)他主张向英军侵略者让步。英国进入长江时，两江总督牛鑑竟大言不惭地说："从古制夷之道，不外羁縻，是则仁圣与民休息，耀德而不观兵，并无伤于国体。"(《筹办夷务始末》卷53，《英军鸱张与前不同仰求怀柔与民休息折》)建议清政府向英军求和。

以林则徐为首的爱国士大夫在民族危机日益严重的形势下，不害怕敌人的船坚炮利，主张以武力反抗英国的武装侵略。他们对英国发动战争已在意料之中，并不张皇失措。以研究中国经济称著的江南名士包世臣，早在十五年前就指出英国殖民主义者侵略中国蓄谋已久，"十年之后，患必中于江浙，恐前明倭祸，复见今日"①。英军侵犯南京时，包世臣不顾年老，积极参与抗英斗争活动。著名思想家龚自珍（1752—1841)认为抗英斗争是正义的自卫战争，一定要坚决打击侵略分子和汉奸，决不能动摇。

为坚定抗英斗争的信心，爱国士大夫还驳斥了一部分官僚散布的失败主

① 包世臣：《安吴四种·答肖枚生》，载中国史学会主编《鸦片战争》，上海人民出版社，1957，第461页。

义论调，指出对戕官掠地的侵略者，不做战斗准备，“一则曰恭顺，再则曰恭顺，一则曰羁縻，再则曰羁縻”[①]，实际是自拆藩篱，开门揖盗。他们还指出，敌人的船坚炮利是其优势，但并非不可制服，如果对敌船“环而火之，彼首尾联络，互有接应正可聚而歼旃；若分泊而为掎角之势，我以数十船围火一船，无往不可，彼何所措其手足。即开放大炮，断不能伏击小船，如以雕炮飞击，或放洋枪火箭，适为我船发火。我船既无一兵，可无逃患，一鼓而前，彼船坚炮利皆无所用，此正避长攻短之法也……何为乎先为种种畏难之言以自馁也”[②]。林则徐在广州多次击退英军的挑衅，说明敌人的船坚炮利并不可怕。

在如何进行反侵略战争的问题上，爱国士大夫分析了当时敌我形势，提出了在沿海地区实行坚壁清野，采用“以守为战，以逸待劳”的战略方针。“使内民不与沟通，内地无可掳掠，其势断不能分，亦不能久。”“国家约束内民不与交通，即不外洋接仗，彼去国数万里……岂能自存。夫客兵利在速攻，主兵利在固守。”[③]林则徐在广州就是按这一战略方针布置防务的。1839 年 9 月至 11 月，英军在尖沙咀发动七次武装挑衅，都被广州军民击退。

在反对英国侵略者的斗争中，爱国士大夫的另一可贵思想是相信民心可用，敢于组织民众抵抗侵略者。为什么这部分地主阶级知识分子能在一定程度上利用群众的力量？这主要是英国发动侵华战争，使中华民族同英国侵略者的矛盾成为当时中国社会最主要的矛盾，国内阶级矛盾暂时降到次要地位。另外，在禁烟过程中以及战争开始后，人民群众抵制鸦片，打击侵略者的爱国活动，使这部分士大夫看到了人民的巨大力量。此外，官军的腐败、毫无战斗力，也促使他们向群众中去寻找抗英力量。

---

① 苏州唐某：《剿逆说》，载近代史资料编辑组编《鸦片战争时期思想史资料选辑》，中华书局，1963，第 65、67 页。

② 苏州唐某：《剿逆说》，载近代史资料编辑组编《鸦片战争时期思想史资料选辑》，中华书局，1963，第 65、67 页。

③ 吴嘉宾：《海疆善后疏》，载中国史学会主编《鸦片战争》，上海人民出版社，1957，第 609 页。

林则徐到广州不久，便感到“所有沿海村庄，不但正士端人，衔之刺骨，即渔舟村店，亦俱恨具强梁，必能自保身家，团练抵御”（《筹办夷务始末》卷8，《英人非不可制请严谕查禁鸦片》）。他向群众表示：“如其夷兵船一进内河，许以人人持刀痛杀。”战争开始后，几乎所有爱国士大夫或上书当道，或互相砥砺，认为只要组织群众，中国是可以战胜侵略者的。他们热情歌颂三元里等地群众自发的抗英斗争。包世臣说：“三元里义民被毒不甘，集乡人歼其巨魁……嵊县之沈山头人民，愤切同仇，再破其火轮兵船，夷匪不敢言复仇。”[①] 张穆在《海疆善后宜重守令论》中说：“粤东屡遭逆夷之毒，而忠爱不衰，义檄义旗相继而起。闽省厦门逆夷畏民驱逐，遁不敢居。即江苏素称孱弱，而沿海沿江之民，亦间有杀贼自救者。”他们对主持战争的官僚贵族摧残压制民众抗英的行为，大加鞭挞；对那些倒行逆施，取悦侵略者的勾当，予以严厉的斥责。当然，这些爱国士大夫歌颂民众抗英斗争是有条件的，那就是以不危及封建统治秩序为基准，因而在他们组织民众抗英斗争的同时，就带有消弭不利于封建统治秩序的目的在内。

了解外国、学习外国，抵抗外国的侵略

鸦片战争时期具有进步倾向的爱国士大夫，不同于闭关自守，妄自尊大，因循保守的旧官僚，他们开始被西方资本主义的炮声所警醒，用比较冷静的眼光去观察中国以外的世界。由陌生的西方资本主义侵略者发动的这场战争，教育了他们，使他们懂得了要想有效地抵抗侵略者就必须了解它，从了解中寻求抵制它的途径和方法。林则徐在广州为了同西方侵略者进行斗争，组织人力翻译《澳门新闻纸》，再经他加工编为《华事夷言》（共五辑）。另外，他还将翻译过来的有关西方历史地理资料辑成《四洲志》，这些书在当时对了解西方都有一定的参考价值。

这一时期精心研究西方的还有姚莹。姚莹（1785—1853），字石甫，安徽

① 包世臣：《安吴四种·答肖枚生》，载中国史学会主编《鸦片战争》，上海人民出版社，1957，第474页。

桐城人。鸦片战争时任台湾兵备道，组织抗英斗争有功。战争结束后，却被诬为冒功欺罔，被逮捕下狱，以后在舆论的抗争下，才获释放。姚莹在嘉庆年间就开始留心西事，“购求异域之书”，潜心研究西方情势。鸦片战争的惨败和个人的不幸遭遇，给姚莹很大的刺激，认为“时至今日，海外诸夷，侵凌中国甚矣。沿海数省，既遭蹂躏，大将数出，失地丧师，卒以千万取和”[①]。这是“书契以来所未有”的奇耻大辱。中国为什么战败，姚莹认为原因之一，是“中国书生，狃于不勤远略，海外事势夷情，平日置之不讲，故一旦海舶猝来，惊若鬼神，畏如雷霆，夫是以偾败至此耳”[②]。他对“英夷及西洋人士，每笑中国无人留心海外事者”[③]，甚感羞耻。为此他编写了《康輶纪行》一书，专记“海外诸洋有名大国，与夫天主教、伊斯兰教、佛教，一一考其事实，作为图说，著之于书”，目的是“正告天下，吾欲中国童叟皆习见习闻，知彼虚实，然后徐筹制夷之策。是诚喋血饮恨而为此书，冀雪中国之耻，重边海之防免，胥沦于鬼域”。[④]

这一时期正式系统地提出学习西方长技的进步思想家是魏源。魏源（1794—1857），字默深，湖南邵阳人，清末著名的公羊学家。魏源与龚自珍、林则徐是好友，都讲求经世致用之学。道光二十二年曾代贺长龄编《皇朝经世文编》，又先后为两江总督陶澍、林则徐等人赞划漕运、水利、盐政等事，鸦片战争期间，魏源入两江总督裕谦幕，参与浙江抗英斗争事，晚年在江苏任知县、知州等官，1857 年卒于杭州。魏源不仅对国内政治、经济有深入的研究，对外国情事也有较全面的了解，称得上当时第一流的外国问

① 姚莹：《东溟文后集・复光律原书》，载中国史学会主编《鸦片战争》，上海人民出版社，1957，第 531 页。

② 姚莹：《东溟文后集・复光律原书》，载中国史学会主编《鸦片战争》，上海人民出版社，1957，第 531 页。

③ 姚莹：《东溟文后集・与余坡言西事书》，载中国史学会主编《鸦片战争》，上海人民出版社，1957，第 534 页。

④ 姚莹：《东溟文后集・复光律原书》，载中国史学会主编《鸦片战争》，上海人民出版社，1957，第 531 页。

题专家。魏源讥笑腐儒说："儒者著书，唯知九州以内，至塞外诸藩，则若疑若昧；荒外诺服，则若有若无。"(《圣武记》卷12)他明确提出"夫制驭外夷者，必先洞悉夷情"，说明他研究外国的目的是为反侵略服务的。

魏源以林则徐《四洲志》为基础，又广泛收集资料，写成《海国图志》六十卷，1852年又扩充为一百卷，这是一部比较系统地介绍西方史地、政治、经济等方面的书籍。魏源写作《海国图志》的目的是"为以夷攻夷而作，以夷款夷而作，为师夷之长技以制夷而作"(《海国图志·叙》)。为此他在全书首篇——《筹海篇》中详细地论述了对付外国侵略者的计划。

《筹海篇》将对付侵略者的计划分为三部分，即议守、议战、议款。所谓议守是指如何利用自己的优势，贯彻以守为战的方针。魏源认为，在反侵略战争中，"守外洋不如守海口，守海口不如守内河"。因为夷船横行大洋则有余，深入堂奥则不足，敌兵一登岸便失去船坚炮利的优势而受制于我。所谓议战，包含两个内容，一是利用各国的矛盾"调仇夷之国以制夷"，二是"师夷之长技以制夷"。"师夷之长技以制夷"是魏源思想中最进步的部分。什么是夷之长技，如何学，魏源认为"夷之长技有三：一战舰，二火器，三养兵练兵之法"(《海国图志·筹海篇》卷2)。为此，他建议在中国仿照西洋设立兵工厂，招募西洋工匠制造船舰和新式武器，聘请西洋教练整顿水师，教授选兵、练兵、养兵之法。此外，对西洋的量天尺、千里镜、龙尾车、风锯、水锯、火轮机、火轮舟、自来火、自转碓、千斤秤等科学器具均应学习制造。魏源还主张"沿海商民，有自愿仿设厂局以造船械，或自用，或出售者，听之"(《海国图志·筹海篇》卷2)。所谓议款是指如何维持中外正常贸易关系，具体主张是坚持正当贸易，严厉禁止鸦片。为了学习外国之长技，了解"夷情"，魏源还建议设立译馆，组织人力翻译"夷书""夷史"。他认为，只要认真照上列办法做，就可以"尽得西洋之长技为中国之长技"，中国就可以抵制西方资本主义的侵略。

马克思说："历史的发展好像是首先要麻醉这个国家的人民，然后才有可能把他们从历来的麻醉状态中唤醒似的。”[1] 鸦片战争期间，鸦片的输入，英国的侵略，中国的失败，使当时中国思想界受到强烈震动。一部分具有进步倾向的爱国知识分子开始从以往“天朝上国”的迷梦中惊醒，把注意力集中在所面临的新问题上。他们有的在朝，有的在野，但共同的呼声是禁止鸦片，抵抗侵略，他们的这些言行是符合民族利益的，是顺应历史潮流的，表现了中华民族反抗外来侵略，追求进步的优良传统，他们是当时的爱国思想家。

“自从一八四〇年鸦片战争失败那时起，先进的中国人经过千辛万苦，向西方国家寻找真理。”[2] 林则徐、魏源等进步的爱国思想家，不同于顽固守旧派，开始承认资本主义优于封建主义，主张学习西方的科学技术和富国强兵之道，他们是向西方学习的早期倡导者，是“先进的中国人”。

鸦片战争时期的爱国思潮仍然属于地主阶级的思想范畴。进步的爱国思想家提出的一些主张，不一定切实可行，有的还自相矛盾；对人民群众只有利用之意，没有真正依靠之心；在学习外国的主张中，也仅仅是限于某些科学技术，没有提出按照西方的模式改造封建制度的要求，但他们毕竟是比前人前进了一大步，他们的思想对以后的维新改革事业，无疑起到了启蒙的作用。

---

① 中共中央马克思恩格斯列宁斯大林著作编译局编：《马克思恩格斯全集》第 9 卷，人民出版社，1961，第 110 页。

② 毛泽东：《毛泽东选集》四卷合订本，人民出版社，1969，第 1359 页。

丁宝桢对川盐销黔的改革

——从官督商运到官运商销

一

在清代，四川是当时全国仅次于两淮的第二大产盐区。到清代中叶，全省约有四十余州县产盐，拥有盐井七八千口，像犍为、简州、射洪、蓬溪、富顺等州县都分别开有上百乃至上千口盐井。川盐除行销于本省外，还行销于贵州和云南、湖北的部分州县，而贵州又是川盐在省外的最大销售地区。

贵州不产盐，入清以来，省内食盐主要是由四川、云南、两淮、广东等产盐地区供应。各省食盐在贵州销售的情况大致是：川盐主要销售在贵阳、遵义、大定、安顺、兴义、都匀、平越、思南等府州县。滇盐主要销售在同云南接壤的普安州（后改普安厅）。滇盐质量不如川盐好，而价格却比川盐贵，民众购买亦不方便。因此这一地区一直有川盐浸灌。

康熙中，普安州民屡向官府提出改食川盐的要求，据滇省大吏奏称："士民陆琏等称，普安等处四面环苗，每年耕作，除纳正供之外，所余谷米不足以活家口。川盐不拘斤数，零星可买，而滇盐必须整块。川盐不拘米布皆可易换，而滇盐必须纹银。川盐价贱，每斤不过三分，而滇盐价重，溢于四分三厘之外。"[①] 对此，清廷令云南、贵州、四川三省督抚会议，商讨普安行盐问

① 赵恺、杨恩元纂《续遵义府志》，周恭寿修，巴蜀书社，2014，第309页。

题。后经云南研究，以“滇商苦于远运，黔民苦于价贵”，同意普安民众改食川盐，但须将滇省额定盐课及税费等照数核减，清廷批准。于是，自康熙中叶以后，普安州地方成为川盐销售地区。

淮盐主要销售在铜仁、镇远、思州、黎平等府州县。雍正十年，广西官员派人押运粤盐到古州试销，由于价低，颇受民间欢迎，销售亦畅，乃于次年奏请在丙妹、来牛、三脚坣（今三都，各设一埠销售）。乾隆四年，清廷议准：“贵州所属之古州系新辟之苗疆，应以古州为总埠，丙妹、永从、三脚坣等处为子埠，听古州分拨销售。其商人应听古州同知管理，每年销三千八百引，课银三千五百十两一钱四分二厘。”（《会典事例》卷二二九，户部，盐法）从此，淮盐退出贵州黎平。乾隆九年，巡抚纪山以铜仁、镇远所食淮盐，运输道远，盐质不佳，民不愿食，奏请改食川盐，清廷同意，镇、铜等地亦划为川盐销售地区。因此，到乾隆前期，贵州十二府、三直隶厅、一直隶州，除黎平府及都匀府的荔波、独山外，省内各府厅州县均为川盐销售地区。

四川各厂生产的食盐都有固定的运销地区，这种运销区称为岸。岸又分为计岸和边岸。计岸是指用计口授盐的方法销盐的地区，其课税都归入地丁中一并征收，所以又称归丁法。四川省内大部分府州县都属于计岸。边岸是指贵州全省和云南东川、昭通、沾益、平彝等。川盐边岸销售地区采用官督商运的办法。所谓官督商运，实际就是在边岸由官府批准的特许商进行川盐的购、运、销，而官府予以监督管理。这种特许商又称为岸商，具有一定的官商性质。岸商购盐和运销食盐，必须向官府清领盐引，再凭引到指定的盐厂购盐，然后向官府交纳课税及各种规费。最后才能持引到规定的地区销售食盐。盐引就运输的方式而言，有水引（船运）和陆引（马驮、人背）。水引、陆引配盐的数量各不相同，水引配盐多，陆引配盐少。

川盐运黔主要有四大岸，这四大岸就是水岸（永宁）、仁岸（仁怀）、綦岸（綦江）、涪岸（涪陵）。永岸由永宁起运经叙永道赤水河，分别运到毕节、水城、普安、兴义等府州县销售；仁岸自合江沿赤水河至仁怀厅（今赤水市），经二郎滩至茅台镇，又自茅台镇分两路至贵阳、都匀、黔西和安顺各府州县销售。綦岸从綦江水运入黔，再分路运至正安、遵义、贵阳、平越（福泉）、黄平等州县销售。涪岸起自涪陵，沿乌江上行至沿河、安化（德江）、思南、石阡、镇远、铜仁等州县销售。

川盐运黔以引商为主，此外在川黔交界地区，也有一部分“土著居民赴产盐地方贩贸，或系肩挑，或系马驮，来黔转售，冀觅蝇头，其价之贵贱，则视地方远近、时之闲忙以为增减”。[①] 这些肩挑马驮的盐贩，沿途所经关口只要“按则纳税，听其销售”，不得视为私盐。又在产盐附近地方之老弱病残，也可以背负少量食盐，易米度日。康熙时期规定，这些人背负不得超过四十斤。乾隆时，为防止变相走私，进一步明确规定为：“（年）六十岁以上，十五岁以下，及少年之有残疾者，其妇女亦止老年而孤独无依者，许其背负盐四十斤，易米度日……其稽查之法，令于本县报明，验实注册，给以印格腰牌木牌，每日卯辰二时赴场买盐担卖，一日止许一次，并止许行陆路，不许船载。”（《会典事例》卷二三一，户部，盐法）

二

从道光末到咸丰、同治时期，全国爆发了声势浩大的农民起义，在长江流域的江苏、安徽、江西、湖北等地区有太平军起义，在中原的两淮和河南、安徽、山东等地区有捻党起义，在西北的陕西、甘肃、宁夏、青海等地区有回民起义，在西南的云南、贵州有回族、苗族等民族起义，在东南沿海的广东、广西有天地会的起义，国内其他省份也分别有规模大小不等的群众反抗斗争。清政府为镇压各地起义，想尽各种办法，肆意进行搜刮。咸丰年在扬州又首创抽收厘金，不久在全国各省普遍推行，厘卡遍布于穷乡僻壤。清政府的数十万大军和苛重的赋税，使得各地水陆交通运输、商品流通以及城乡商业发展受到严重阻碍，各地交通阻塞，商旅不行。

---

① 赵恺、杨恩元纂《续遵义府志》，周恭寿修，巴蜀书社，2014，第311页。

原先川盐省外最大的销售地区贵州，“自军兴以来，黔地处处被扰，人民离散死亡，十不存一，商人歇业，引滞岸悬，直同废业，而川省之利尽失”（丁宝桢：《滇黔两边盐务废弛，请将新旧引盐改由官运商销酌拟章程折》）。在引盐运销瘫痪的情况下，贵州民用食盐大部分是经私贩之手运入供应的。贵州地方当局则因筹集军饷到处设卡抽厘，各级官吏像饿狼一样乘机勒索，收受贿赂，中饱私囊，其直接后果便是盐价陡涨，川盐从每斤三四分上涨至八九分乃至一钱有零，“人民非淡食，则苦重价”。贵州盐务一片混乱。

咸同全国用兵期间，四川虽然失去了贵州的食盐市场，但在两湖地区得到了补偿。两湖一向是淮盐行销区，“淮南引地，楚岸为大宗”。从咸丰二年起，长江中下游地区即为太平军所控制，淮盐江路阻塞，无法运入两湖。清政府为解决军用民食，保障饷源，只好下令调川盐济楚。咸丰三年，清廷颁布上谕说：“前因湖北省淮盐阻滞，准其待销川盐潞盐以资接济，……著四川总督即饬盐茶道借拨川盐二千引，迅速解赴湖北，……济急需，俟江路廓清，淮盐畅通，仍照旧章办理。”（《会典事例》卷二三八，户部，盐法）川盐在湖北本来是在鹤峰等地为主要的销售地区，但引数不多，从咸丰四年起，川盐才大量销到两湖。咸丰七年，清廷又议准川盐在“湖北月销水引九百道，分二百引归官运，以道府一人驻川省，就月协楚饷三万两作运本，专运富顺盐，其七百引，仍听商运、官商并行”。（《会典事例》卷二二八，户部，盐法）于是四川每年供应的两湖引盐有一万零八百引，其数额大体与川盐销往贵州的水引数相当。川盐失去贵州市场，而填补上淮盐在两湖的市场，这对四川厘税收入的增加起到了不小的作用。到同治中，川盐济楚进入最好的时期，“四川盐井近年获利数倍，富顺尤为最旺”。

然而川盐在两湖的市场，并没有长期保持下去。同治三年（1864），雄踞长江中下游的太平天国起义失败。同治七年，活跃在两淮豫皖鲁地区的捻党起义也被清廷镇压，清政府陆续恢复了在苏、浙、皖、赣、鄂、浙、闽、豫、鲁等省的封建统治，随之淮盐的生产和运销也渐次转入正常。同治七年，两江总督曾国藩为增加厘税收入，正式奏请恢复淮盐两湖市场，停止川盐入楚。清廷随即谕令川督吴棠等妥善分限减停川盐行楚事宜。由于当时贵州、云南群众起义尚未平定，四川无法开辟川盐市场，两湖则因每年征收川盐厘税九十余万两，不愿立即停止川盐入楚，川楚两省分别奏请缓撤川引。但在两江督抚不断地要求下，清廷还是在同治十一年决定“撤去沙市配销局，就湖北九府一州，分武昌、黄州、德安等四府专销淮盐；以安陆、襄阳、郧阳、荆州、宜昌、荆门等五府一州，供销川引。淮销之地不许销川，川销之地，仍兼销淮。湖南则岳州、常德专行淮，以澧州近荆州，仍暂行川”。(《会典事例》卷二二八，户部，盐法)如此，四川销楚引盐一下子减少了近一半。

光绪初，贵州、云南各族群众起义皆被镇压，社会秩序渐趋稳定。光绪三年，时任两江总督的沈葆桢，再次奏请恢复淮盐在两湖的市场，奏折说：“现在情形则与前迥别，正当乘此机会移侵楚之川引，转而复滇黔之旧额。”(《皇朝经世文续编》卷41—45)于是川盐退出两湖，重返滇黔已成必然之势。

三

光绪二年九月，丁宝桢被任命为四川总督。丁宝桢（1820—1886)，贵州平远人，是一位关心桑梓的比较开明的封疆大吏。就任后曾从四川泸州移民数百人到平远垦殖开发。光绪三年，在川盐即将退出两湖的形势下，为了保证四川盐税的收入，同时也为了解决贵州民众的淡食之苦，在唐炯等的建议下，丁宝桢召集司道等官商讨恢复川盐在黔滇市场的问题。唐炯是贵州遵义人，同治八年至同治十年曾任援黔川军统领镇压贵州起义军，对贵州的情况了解较深。在丁宝桢的主持下，从光绪三年四月至八月底，先后用了五个月的时间，广泛听取了各方面的意见，权衡利弊，最后制定出重整川盐在贵州市场的改革方案。丁宝桢认为，以前川盐销黔采用的官督商销办法，弊端太多，已经无法适应变化了的新情况，必须改革。他认为，自咸同以来，经过农民反抗斗争的冲击，原先岸商四散，“相率歇业”，“川省江岸半多废弛”。其间虽“饬地方官招募承认，竟然十余年无一应考，是既无商可稽，官虽欲督之，究何从而督之”。其次，官督商销的办法弊病太重，无法促进川盐畅销。“川省盐务向章办法，商人领引配运则归盐道，税费经征则归州县”，领引配盐、购盐运销、征税交费分头进行，这就为官吏贪污、索贿受贿，厂商弄虚作假，走私偷漏大开方便之门。他说：“川省盐务需索其多，商人领引配运则有费，运盐过关验截则有费，盐斤到岸则又有费，而费之至重而无定者，则尤在改代改配，引张套搭。此外，如厂灶卖盐之欺诈，江河行驶之覆溺，船户沿途之偷卖，私枭纠众之抢夺不与焉。夫商人持本求利，先则自顾成本，次则希冀获利；至使费过重则商力不支。于是将前此之花费者，转而取偿于加斤，而加斤又属违例，关卡倍肆留难。于是加斤犹不足以获利，又因而取盈于民食。此种弊端作之者商人，而之所以使之者，全在官吏。然则官督商销之有病于民，又昭然可睹矣。”（丁宝桢：《官运办有成效未可更改折》）其他如私盐盛行、损公肥私、挟私偷漏等无不与官督商销有关。经多次商讨，丁宝桢决定停止官督商销，采用官运商销办法，使引盐重返贵州。

在丁宝桢等确定了官运商销办法之后，即令唐炯等拟定办法十五条，其要旨主要是“局运商销，力裁浮费，疏通引岸，禁止需索为扼要之图。且清厘积引，以杜重照之萌；兼办计岸，以遏影射之渐。裁局卡，立船行以畅运销之路；严交盘，填出纳，以绝侵蚀之源。而又酌核带销，以清积滞；分认奏销，以专责成”（丁宝桢：《滇黔两边盐务废弛，请将新旧引盐改由官运商销酌拟章程折》）。其具体措施是在泸州设立官运总局，委唐炯在局驻扎。总局外在产盐的富顺、犍为两厂设购盐分局（即厂局），綦江、涪州、合江、永宁、南州、江津六岸每岸设立售盐分局；所有上述六岸及本行边引之酉、秀、黔、彭、纳溪及近边州县计引悉提归总局转发，凡黔边额引，皆令盐道移交总局。实行“引由局配，盐由局运，而商品销盐”。“厂局就井灶粜盐，授之岸局，岸局受而粜之商人。”举凡引底、盐本、运费、局费及滇黔协饷等费均计入成本、发商。川省州县关卡及一切陋规浮费全部裁撤，商人从前一切无名使费悉予删除。

官局购运食盐需要本金，据估计至少要五十万两方敷应用。丁宝桢因川省库项空虚，筹措艰难，亲自致函，从山东借拨粮道库银十五万两，运库银十五万两，又从湖北厘税项下借拨银十万两，从本省各处凑借十万两，共计五十万两，作为购盐运盐之本金。所有借拨各款，分作八年陆续归还。

为使川盐能在贵州顺利销售，丁宝桢还奏请清廷谕令“贵州抚臣通饬局卡，凡遇行黔盐厘一体（律）免收，其报部关税悉照部则上纳，不许重征，并严禁各地方官设局私派，以通商路”。黔省局卡所收盐厘停止后，拟由四川省每年暂行认解黔厘五六万两，分夏冬两季拨解，以济饷源，以后如销路日畅，盐务大有起色，再行酌量多拨，以昭核实。[①]

光绪三年冬，在得到清廷的批准后，官运局正式开局，办理川盐购运业务。

然而官运商销的推行并不是一帆风顺的，一开始就遇到两大阻力。阻力之一是四川部分官吏厂商对官运商销的反对。如前所述，官运商销废除了一切苛捐杂税，将购盐、运盐、征收税课全部由官运局办理，这就“太不便于贪污者之所为”，使一大批官吏失去了受贿、索贿、勒征、浮收等的机会，他们“怨报生忿，故大肆其异议，以思动摇”。一些厂商特别是大厂商因官运局总揽一切也失去了欺行霸市，勾结奸商共同弄虚作假，贩售私盐的可能，“自然深恨官运之利于商民，不便私己”。因此这些官吏和少数厂商奸灶互相串通，形成一股反对官运商销的势力。他们“故捏词以为耸听阻挠之计”，有的甚至“贿赂中官、动摇清贵、于京川坐养无赖，又复沿途设栈飞传信息，捏词造蜚”。[②]在省内一时甚嚣尘上。其时，刚由都察院左都御史迁为礼部尚书的恩承和吏部左侍郎童华正在四川查办事件，在反对官运势力的影响下，便以“川省盐务改办官运商销，利少弊多”为题上奏清廷。接着在京师也出现了对丁宝桢“治章纠奏”的波澜。不久，清廷又结合其他一些“过错”将丁宝桢革职，以四品顶戴署理四川总督。

---

① 丁宝桢：《滇黔两边盐务废弛，请将新旧引盐改由官运商销酌拟章程》折，光绪三年七月。

② 赵恺、杨恩元纂《续遵义府志》，周恭寿修，巴蜀书社，2014，第318页。

丁宝桢在逆流面前，丝毫没有改变初衷，继续坚持官运商销的主张。光绪五年闰三月，他针对恩承等的奏折，上“官运办有成效未可更改”折，详细剖析了官运商销与官督商运两种办法的利弊，明确指出官督商运弊端丛生，无法解决萧条已久的川盐销路，只有采用官运商销的办法，才能达到“裕课、利商、便民”的目的。奏折还揭露了少数贪官奸灶富厂反对官运商销的原因，完全是由于这种办法维护了国家的利益，损害了他们通过不正当手段牟取私利的目的。丁宝桢恳切要求清廷勿为浮言所动，坚持官运商销办法，一定能打开川盐的销路。清廷在经过调查了解真情之后，立即谕令丁宝桢说：“前因恩承奏四川省官运局经灶民呈控多款，请饬为区划，当谕丁宝桢确查具奏。兹据该督奏称，自上年开办官运后，本年奏销核计边计各引，已全数销清，复销积引一万余张，所收税羡截厘及各杂款至一百余万两。商人从前一切无名使费悉予删裁，民皆食贱，私枭潜踪，实属商民皆便。现经访闻呈控各节，系富厂灶户一二奸灶捏词耸听，意在阻挠。其犍、射两厂灶户不下千余家，商人则黔边近边十三厅州县计岸不下一二百家，均无异词等语。川省从前盐务积弊甚深，亟应力图整顿；唯裕课仍须便民，方可行之永久。即据丁宝桢查明官运商销实为有利无害，成效昭然，即著该督悉心经理，慎始图终，勿以浮言而滋疑惧。余照所议办理。”(《会典事例》卷二二八，户部，盐法)一切反对官运商销的逆流，终于被粉碎。

推行官运商销的另一阻力是在新办法施行后，贵州方面对川盐依法继续征收苛重的厘税，使得岸商赔累不堪，无力支撑。贵州一向是协饷省，其饷项支出有十分之七是靠外省协济的。太平天国起义爆发后，各省自顾不暇，协黔款项无力拨解，贵州财政陷于困境。贵州当局为了筹集军费兵饷，镇压省内各族群众起义，想尽了各种办法从百姓身上搜刮银钱粮米，咸丰十年，在全省推行的厘金就是搜刮的手段之一。贵州商品经济不甚发达，厘金征收的对象主要是土药厘和盐厘。到同治前期，省内各府县州县已是“厘卡林立，如布网罗”，尤其是对入黔川盐，更是刻意抽收。“商人运盐到岸见七抽一，谓之大厘，……且沿途复有关厘、小厘、落地税各名色；又有查局、分局、验票局以及各州县私设卡局，层层派索，每引一张运入黔境实抽厘银不下数十两，以至商贩裹足”。(丁宝桢：《滇黔两边盐务废弛，请将新旧引盐改由官运商销酌拟章程折》)光绪三年，官运商销施行后，丁宝桢为减少川盐销黔的障碍，特致函贵州巡抚黎培敬，要求贵州停止对川盐征收厘税，而由川盐省每年拨解银六万两，以当补偿。此外，他又奏请清廷，饬令遵守。

然而，当时贵州各族人民起义虽已全部被镇压下去，大规模军事行动已经结束，可是中央指定调拨的各省协饷仍未全部恢复，而办理善后（如大量裁军)又急需大量款项。因此，为应付各项支出，只有靠增加厘税来解决。光绪初期，贵州全省厘金年收入上报户部的为十二万两左右，其中盐税约占一半左右，远远不能满足各项开支的需要。因此，当黎培敬接到丁宝桢的来函后，立即复函表示，设使贵州筹款有着，“自当撤去税关，以轻盐价”(《黎文肃公书札》卷二六)，这无疑是告诉四川，贵州暂时不能裁局停厘。

由于贵州对川盐继续征收苛重的厘税，“加以官吏需索，出役留难”，现使“各商畏阻，不肯运盐直入腹地销售，荒废口岸终不能一律开通”。在黔省市场无法畅通的情况下，各岸盐商纷纷呈诉于督署说，运盐“入黔经过各关卡征收盐税及各项经费合计每引共须纳银四五十两不等，商力实难支持，恳请咨商裁减”(丁宝桢、岑毓英：《改办官运黔省盐厘过重有碍销路仍四川局代征分解析》)。光绪五年春，素与唐炯不睦的贵州巡抚黎培敬去职，岑毓英接任贵州巡抚。光绪六年三月，丁宝桢约请岑毓英在赤水会晤，商讨川盐厘税问题。经过多次讨论协商，双方达成最后协议，规定永、仁、綦、涪四岸入黔川盐由官运局代为抽收税厘，每水引一道征银十两，全年合计共征银十八万两，每年分三次解往贵州藩库，尔后“黔中各关卡概不准分厘重征，需索留难”。同年，清政府颁布谕旨：“四川总督与贵州巡抚会奏，就官运局一水引税银十两，岁解贵州，罢去关税及一切杂征，著为令。”至此，川盐销黔的厘税难题得到了妥善的解决。

四

食盐官运商销并非始自四川，但行之而大有成效者当属四川总督丁宝桢，应该说将黔边行盐由弊端丛生的官督商运改为官运商销，这是丁宝桢在四川总督任内的重大贡献之一。官运商销对四川有利，对贵州也有利，它促进了四川盐业的发展，增加了课税收入，也保证了贵州厘税的稳定收入和人民对平价食盐的需求，带动了贵州四岸盐路的商业发展和繁荣。

从四川方面看，实行官运商销办法后，不但将每年额引如数销出，多年积引也陆续销清，使四川课税大增，成为全省的第一大收入。据光绪六年的奏报，"是年官运局岁入羡截厘正杂各项凡百二十七万六千六百有余"。由于官运行之有效，原行湖北八州县的计引和滇省边引也随之改行官运。官运商销使川省盐税课厘收入有了保证，也支持了省内外其他事业的发展，如开办四川机器局以及其他各项洋务活动都与盐税增加有关。又如光绪七年，官运局一次就拨解北洋添购铁甲轮船银三十万两。从上述事实来看，四川近代经济的发展，同丁宝桢推行的川盐官运商销是有一定促进作用的。

从贵州方面看，官运商销首先是为贵州建立起一个固定的财源，为困窘的贵州财政提供了不少的支持。光绪中前期，贵州本省各项收入每年不过四五十万两，而川省拨解的盐税银，每年就有十八万两，超过了本省十四万两的田赋收入。另外，四川对贵州的协饷及抵捐银两也是由官运局解拨。以上三项，全部加起来每年计有银四十九万余两。其次是实行官运平抑了盐价。贵州盐价从道光末就不断上涨，最高时每斤达数百文。广大民众因为无钱购盐，长期饱受淡食之苦。官运商销办法推行后，其盐价由岸局发商牌示，"每斤约二十三四文不等，商人转售准百里加二文，远道领盐，皆以盐盘。深入腹地，虽至遵义不过三十余文，较旧时或数百文，或千文一斤，则不翅陡落"。[①]。再次是由于撤裁了盐厘，促进了四岸交通运输和商业的发展。例如，

① 赵恺、杨恩元纂《续遵义府志》，周恭寿修，巴蜀书社，2014，第315页。

丁宝桢为推进盐运就曾对赤水河进行了治理，先后清理险滩数十处。又如在黔北原先运销川盐的城镇，在咸同用兵期间，遭到严重的破坏，实行官运商销后，随着川盐的畅销，这些衰落了的城镇很快就得到恢复和发展。晚清新兴起来的城镇都与川盐有关。

丁宝桢推行的川盐官运商销有利于人民的生活改善，也有利于川黔两省经济的发展，应该给予公正的评价。

哥老会与贵州辛亥革命

西南的川、滇、黔三省是哥老会（俗称袍哥，所开之山堂曰“公口”）比较流行的地区。这几个省份的哥老会都分别参加了本省的辛亥革命，可是它在各省所起的作用并不完全相同。本文认为，哥老会在贵州辛亥革命中起过积极的作用，也起过消极的作用。具体地说，它在辛亥起义前起的主要是积极作用，在辛亥起义后起的主要是消极作用。笼统地说，哥老会在辛亥革命时期始终都支持革命，拥护革命是不符合实际的。

一

在贵州，具有资产阶级性质的民主革命活动是从二十世纪初期开始的。从二十世纪初期到辛亥起义，贵州革命党人一直是注意联络哥老会的工作的。这一时期，哥老会这个秘密团体，因受清朝统治阶级的压迫，也愿意接受革命党的领导，所以，从政治上看，它完全是倒向革命，同革命相配合，并为贵州的民主革命做出了积极的贡献。哥老会在辛亥起义前所起的积极作用，主要表现在以下几个方面。

第一，输送了一批革命骨干，为辛亥起义准备了力量。早期贵州革命分子的来源有二：一是在思想上、组织上都同哥老会有联系的所谓会党分子，一是受民主主义思潮的影响而走上革命道路的中小资产阶级或地主出身的知识分子。在前期，前者在数量上尤其占有多数。从会党成员走上革命道路的分子在自治学社各州县分社负责人中表现得比较突出。《自治学社与哥老会》[①]一文的作者所列举的十九个州县的自治学社分社负责人都是由有哥老会身份的人担任，这些人同当地的联系比较密切、广泛，在地方上有一定的影响，有的还能左右地方。以后这些分社的负责人大都按总社的部署，在本地组织人力物力，为辛亥起义取得全省的迅速胜利做了准备。

与此同时，有些革命党人还有目的、有计划地利用哥老会开展工作，为以后的起义准备武装力量，这方面工作成绩较为显著的是陆军小学和新军。贵州的哥老会不但在城乡民间广泛流传，就是在军界也有很大的潜势力。以新军为例，有人估计在班长和广大士兵中，“百分之九十以上都是袍哥阶级”[②]。陆军小学生也大都参加哥老会，以哥老会为渠道宣传反满革命思想，团结广大士兵自然是极为方便的。陆军小学成立于1906年，该校学生席正铭等曾参加过自治学社，以后联合同学阎崇阶、刘莘园等组织“历史研究会”，进行反满的宣传活动。但封建官府不允许“历史研究会”存在，下令予以取缔。1908年，陆军小学生中的革命分子决定利用哥老会这一秘密组织扩大革命影响，发展革命势力，这一年他们成立了秘密公口“皇汉公”。“皇汉公”主要是宣传所谓“报仇雪耻”“光复汉族”等排满思想。这很适合哥老会“反清复明”的宗旨，因此，“皇汉公”成立后几个月在陆小和新军就发展了一百四五十人成员。这些人在起义的准备过程中不辞劳苦，不怕担风险，秘密串连，暗通消息。1911年11月4日，贵州起义首先由陆军小学发难，新军响应，不是偶然的，正是革命党人利用哥老会在陆小、新军中多年工作的结果。

第二，增强了自治学社的实力，支持了自治学社的合法斗争。自治学社成立于1907年，在它的发起人中，就有不少人有哥老会的身份。学社成立

---

① 胡寿山：《自治学社与哥老会》，载《辛亥革命回忆录》第3集，文史资料出版社，1961，第472—473页。

② 阎崇阶：《贵州陆军小学辛亥革命活动回忆》，载贵州省社会科学院历史研究所编《贵州辛亥革命资料选编》，贵州人民出版社，1981，第420页。

后，在各州县先后建立分社五十余处，社员数以万计。此外，各州县的自治团体有很多也由分社控制，声势迅速壮大起来。这五十多处分社，“大部分是由有关的哥老会成员的社员去进行的，并且多以当地哥老会成员为主要对象”①。1909年前后，自治学社在与宪政会争夺地方自治团体的领导权的斗争中，常处主动有利的地位，在很多团体中都以绝对优势压倒宪政会。以咨议局为例，议员共三十九人，属自治学社者三十三人，占了绝大多数。自治学社能取得这种优势，同各州县哥老会的活动分不开。因为省议员是由各州县挑选出来的，各州县的选举工作又多由当地自治分社操纵，而分社往往利用哥老会的关系去选举自治学社的社员。辛亥起义前夕，自治学社还有组织所谓“乡兵”的计划，规定“能纠合三十人的即授排长，纠合百人的即授连长，纠合五百人的即授营长，斩木揭竿，约期继起”②。这个计划主要是通过各州县分社以保卫地方为名，招收哥老会成员进行的。

第三，积极参加贵州辛亥起义。贵州是武昌起义后第六个宣布响应的省份。这次起义的直接发动者是陆军小学和新军，但从中进行秘密串连的多系具有自治学社和哥老会双重身份的人。尤应指出的是，“11·4”起义前夜，省城附近各州县组织的哥老会分子已奉密令陆续来贵阳，所以“反正之日有七八百人抵达省垣，故纵使新军不发难于先，而革命亦势在必行”③。这个事实说明哥老会参加了辛亥起义，也说明当时陆小、新军不发动起义，哥老会也将会发动的。

综上所述，辛亥起义有哥老会的血汗凝结在里面，这是应该肯定的。而这一时期哥老会之所以能作出积极的贡献，主要是由于当时革命同反革命的阵线比较清楚，它同革命党人有着共同的敌人——清政府，它内部的步调比

① 胡寿山：《自治学社与哥老会》，载《辛亥革命回忆录》第3集，文史资料出版社，1961，第472页。

② 周素园：《贵州辛亥光复史实》，载贵州省社会科学院历史研究所编《贵州辛亥革命资料选编》，贵州人民出版社，1981，第332页。

③ 平刚：《贵州光复史实》，载贵州省社会科学院历史研究所编《贵州辛亥革命资料选编》，贵州人民出版社，1981，第342页。

较一致，因而同革命党的联合是顺利的、巩固的。

二

可是，辛亥起义后，哥老会对革命起的作用同起义前相比就完全不同了。哥老会同革命党的联合并没有巩固下去。

辛亥起义后，摆在革命者面前的首要任务是维护和巩固革命政权，同一切反对、破坏革命的言行进行斗争。曾经支持革命的哥老会对此采取什么态度呢？起义后哥老会同军政府未能很好地合作，更没有成为革命政权的支柱，它在巩固革命政权的斗争中没有作出应有的贡献。

如前所述，辛亥起义后，贵阳附近各州县的哥老会群众陆续来到贵阳。军政府都督杨荩诚扩编新军时吸收了一小部分，大部分却没有安置。枢密院长张百麟等决定将这部分群众武装起来，“以为后盾”。于是委派黄泽霖把他们编为东、南、西、北、中五路新巡防营，并以黄泽霖为五路巡防总统，谭德骥、陈守廉、孔鹏、李立鉴、岑少刚分任各路分统。谭德骥等五人均为有影响的哥老会成员，所以五路巡防营从士兵到各级军官几乎是清一色的哥老会分子。[①]也可以说，五路巡防营实际上就是武装起来的哥老会。12月下旬，杨荩诚率新军出援湖北，五路巡防营便成了军政府依靠的唯一的一支武装力量。因此，我们从五路新巡防营对革命政权的态度，便可知道哥老会对革命政权的态度了。

出人意料的是，这支由哥老会编成的新巡防营并没有团结在军政府的周围，齐心合力地支持和维护革命政权。就在五路巡防成立不久，它便同军政府及其领导人产生了矛盾，以后裂痕逐渐扩大，立宪派旧官僚又乘机插手利用，使得这支由哥老会组成的队伍成为了搞垮军政府的工具，虽然责任不完

① 周素园在《贵州民党痛史》中说：“其徒党咸隶伍籍，官长亦由其魁率拔充。”见中国人民政治协商会议贵州省委员会文史资料研究委员会编《贵州文史资料选辑》（第四辑），贵州人民出版社，1980，第66页。

全在哥老会。试看下列事实：

事实之一，起义不久，五路巡防营便因军饷问题同军政府产生了对立情绪。按照军政府的规定，巡防营由枢密院领导，其月饷由枢密院转令财政部发给。但由于军政府成立不久，规章制度尚欠完善，巡防营一度“领饷无着，兵队大哗，中下级军官及士兵，闹到枢密院向空开枪示威，闹到立法院以枪托触地泄愤”[①]。这一事件的责任主要应由军政府领导人来承担，但五路巡防在这样一件本可妥善解决的事情上，小题大做，表现出无组织、无纪律的缺点，这就给立宪派旧官僚挑拨离间提供了可乘之机。

事实之二，受立宪派旧官僚的欺骗，广开公口，自己分裂自己，充当立宪派旧官僚攻击军政府的工具。立宪派旧官僚对哥老会这一下层群众秘密组织原是深恶痛绝的，可是起义后，他们却一反常态，不遗余力地吹捧它，其目的就是分裂哥老会，搞垮军政府，夺取贵州的军政大权。就在军政府成立的第四天，旧官僚、耆老会的头目郭重光便撞进立法院登台演说，别有用心地鼓吹大开公口，声称：“今日之贵州，非公口不足以立国，贵州之政府及社会，非公口不足以辅助而保全。”[②]在郭重光的倡导下，同立宪派旧官僚一鼻孔出气的陈廷棻、旧军官胡锦棠先后成立了“斌汉公”和“大汉公”。在这两个公口中，“凡宪政党优秀分子，莫不赫然列名”[③]。哥老会没有识破立宪派旧官僚的阴谋诡计，在“斌汉公”“大汉公”的影响下，五路巡防营发生了动摇。经五路分统的策划，黄泽霖“为维系军心计”，也开了“光汉公”，自充龙头。“光汉公”的成立又助长了公口风，一时全省开了九十多个公口，社会秩序开始紊乱。立宪派旧官僚为了制造更大的混乱，给军政府施加压力，甚至将遵义一带的巨匪、哥老会头目罗魁召来贵阳。罗魁则声言要进行“二次革命”，

---

① 黄济舟：《辛亥贵州革命纪略》，载中国科学院历史研究所第三所编辑《云南贵州辛亥革命资料》，科学出版社，1959，第163页。

② 周素园：《贵州血泪通告书》，载中国科学院历史研究所第三所编辑《云南贵州辛亥革命资料》，科学出版社，1959，第214页。

③ 周素园：《贵州民党痛史》，载中国人民政治协商会议贵州省委员会文史资料研究委员会编《贵州文史资料选辑》（第四辑），贵州人民出版社，1980，第66页。

扶刘显世为都督，使得社会各界更加惶惶不安。

值得注意的是，在贵阳所开公口中，这时已明显地分别属于两大政治派别，即自治学社与立宪派旧官僚两派，而由立宪派旧官僚操纵控制的竟占了大多数。事实说明，哥老会在政治上分裂了，其中一部分为立宪派旧官僚所欺骗，充当了向军政府进攻的工具。

事实之三，在立宪派旧官僚制造的“二·二”事变中，少数哥老会分子充当了帮凶，大部分态度暧昧，坐视不救。立宪派旧官僚提倡公口是为了制造混乱，搞垮军政府。但黄泽霖并没有放纵公口的不法活动，尤其是对五路巡防营更严加约束。为了制止混乱，稳定社会秩序，冬月初六，他在四川会馆设计处决了巨匪罗魁。与此同时，又将借端磕索的东路巡防营目兵七人处以军法。黄泽霖这些措施是必要的，得到了广大群众的拥护。但是，哥老会各公口在立宪派旧官僚的拨弄下，对黄泽霖却“皆大怨望”[①]。从此，五路巡防营与黄泽霖形成了对立，实际上就是哥老会各公口与黄泽霖的对立。

1912 年 1 月，哥老会“元堂”、东路巡防营哨官唐灿章和原贵阳著名袍哥李先春不满黄泽霖对其部众的惩处，怀恨在心。立宪派旧官僚乘机用重金收买唐、李，伺机杀害黄泽霖。2 月 2 日，唐灿章、李先春等指使部卒十余人，伪称捕获了逸犯，请黄泽霖亲自审讯。泽霖刚一升堂，叛卒立即开枪将他杀害于总统署。叛卒本来还想杀害张百麟，百麟匿避得免。

事件发生后，张百麟逃到巡防营南路分统陈守廉营。陈守廉是自治学社的发起人之一，也是自治学社的领导骨干，他坚决支持军政府。张百麟在陈守廉的陪同下到都督府会见代都督赵德全，请赵派卫队缉拿凶手。可是刘显世、唐灿章早已通过“哥会关系，联络都督卫兵，临时挟制赵督，使命令不行”[②]。都督卫兵甚至对张百麟也怀有极大的“敌意”。张百麟只好同陈守廉回

① 黄烈诚：《贵州起义首功黄泽霖被害略述》，载中国科学院历史研究所第三所编辑《云南贵州辛亥革命资料》，科学出版社，1959，第 211 页。

② 张百麟：《黄泽霖传》，载贵州省社会科学院历史研究所编《贵州辛亥革命资料选编》，贵州人民出版社，1981，第 456 页。

营。次日，檄令各路巡防营出兵共讨叛军。张百麟是军政府枢密院院长，五路巡防营应该听从他的调动，但命令发出后各分统却拒不听命，经再三催促，“至者寥寥”。张百麟见大势已去，被迫同陈守廉离开贵州。军政府陷于半瘫痪状态。

五路巡防营是辛亥起义后由军政府收编的一支队伍，张百麟、黄泽霖一直视为“后盾”。立宪派旧官僚鼓吹公口时，黄泽霖又开“光汉公”加强对它的领导。当时五路巡防营约有二十营，均驻省城贵阳及四郊。[①] 如果这支武装听从黄、张的指挥，支持军政府，立宪派旧官僚是不敢猖狂发动“二·二”事变的。因为立宪派旧官僚掌握的兵力只有刘显世新军一营和胡锦棠城防营一营共一千余人，力量远不及黄泽霖。然而当刘显世、唐灿章等向军政府发动进攻制造反革命政变时，除陈守廉外，其余各路分统在关键时刻都按兵不动甚至抗拒命令。可见，由哥老会组成的五路新巡防营没有起到保卫革命政权和领导人的作用，相反倒是助长了立宪派旧官僚的气焰。

事实之四，滇军侵黔时，一部分投靠滇军，一部分瓦解，一部分虽然进行了抵抗，但仍未能保住革命政权。立宪派旧官僚提倡公口制造混乱的另一险恶用心是以此为借口，邀请滇军代平“匪乱”，通过里外配合达到夺取贵州军政大权的目的。1912 年 1 月，野心勃勃的唐继尧以“北伐”为名，以镇压“哥匪”为号召，率领滇军杀向贵阳。滇军侵黔使贵州形势急转直下，革命政权危在旦夕，而哥老会又首先是滇军镇压的对象。在这种紧急情势下，哥老会各公口立即联合起来，抗击滇军的镇压，保卫革命政权，便成了当务之急。但是，当 3 月 2 日滇军到达贵阳时，各公口并没有采取一致行动抗击滇军。这时，属于“大汉公”的胡锦棠城防营彻底倒向滇军，协助滇军屠杀自己的兄弟；属于“光汉公”的五路新巡防营除李立鉴一部在黔灵山进行了比较激

---

① 周素园在《贵州民党痛史》中谓“旧巡防各有汛地，唯新巡防驻省”。见中国人民政治协商会议贵州省委员会文史资料研究委员会编《贵州文史资料选辑》(第四辑)，1980，第 71 页。

烈的自卫外，其余各营各公口“竟于滇军至省之前一夕，各自销灭”[①]。滇军只用了半天的时间就占领了贵阳。

哥老会既没有保卫革命政权，也没有保住自己。在滇军占领贵阳后，到处搜捕哥老会分子，并施以惨无人道的屠杀。接着又多次下令严禁公口，不许哥老会活动。哥老会在辛亥革命中取得的公开活动的自由又丧失了，只有胡锦棠的城防营安然无恙。

从上述事实中我们可以清楚地看到，辛亥起义后，哥老会在一系列重大政治斗争中，都没有同军政府配合好，没有起到支持军政府的作用，而是为立宪派旧官僚所愚弄、所利用。尽管有“二·二”事变时陈守廉对张百麟的忠诚，滇军侵黔时李立鉴部的英勇抵抗，但这仅仅是哥老会中的一小部分。作为一个整体，哥老会在辛亥起义后并没有起多少积极作用。

还应该指出的是，哥老会虽然在辛亥起义后没有起什么积极作用，但也不存在什么哥老会是“会匪乱黔”，是“匪党”；黄泽霖收编哥老会是“政权匪势混而为一”，贵州军政府“暴虐无道，无恶不作”，等等。这是唐继尧等人对贵州辛亥革命的污蔑。此种论调不仅唐继尧等人说过，就连当时上海的《民立报》《神州日报》也曾多次散布。由于《民立报》《神州日报》是资产阶级革命派主办的有影响的报纸，因而这些被歪曲了的报道，更能混淆视听。其实这些假报道的来源在当时就被揭穿了，捏造这些假报道的不是别人，而是立宪派旧官僚命其党人黄鲁连在上海的“交通新闻记者”[②]干出来的。因此，《民立报》《神州日报》上有关贵州的报道多不可信。

① 《省城戡乱旁记》，载贵州省社会科学院历史研究所编《贵州辛亥革命资料选编》，贵州人民出版社，1981，第110页。

② 张百麟：《黄泽霖传》，载贵州省社会科学院历史研究所编《贵州辛亥革命资料选编》，贵州人民出版社，1981，第455页。

三

哥老会为什么在辛亥起义前后起着如此不同的作用？可否完全归结为中国资产阶级软弱，没有处理好同哥老会的关系，以致被立宪派旧官僚所愚弄、所利用？诚然，这是一个重要因素。黄泽霖的一个重大错误是企图用会党的办法团结会党、领导会党，但他没有看出立宪派旧官僚的阴险之处却是利用会党的办法分裂会党、利用会党。资产阶级没有也不可能真正领导哥老会、改造哥老会，但是这毕竟是原因的一个方面。哥老会在辛亥起义前后之所以产生如此不同的作用，还应从它的内部去探究，也就是说要从哥老会这一秘密团体本身的特点去寻找原因。

哥老会是天地会在清末繁衍出来的支派，它是由破产失业的农民、手工业者以及散兵、游勇为主体组成的下层社会秘密团体。它的口号和天地会一样——反清复明，即反对以满族为主体的清朝统治，恢复以汉族为主体的明朝统治。这个口号仍然属于旧式民族复仇主义范畴。哥老会的广大会员群众在半殖民地半封建的旧中国是被压迫者、被剥削者，他们不满现状，痛恨反动统治者，有反抗的要求。在反清的共同目标下可以同资产阶级合作，成为民主革命的参加者、支持者。辛亥革命前，哥老会积极配合自治学社参加斗争，就说明了这一点。

但是，哥老会从来就不是具有近代意义的革命团体，而是一个松散的、缺乏统一领导的下层秘密组织。从它的成分看，无业游民占有很大比重，这些从现实生产方式中游离出来的人具有无纪律、散漫、政治上容易动摇的特点。从它的组织看，它山堂林立，公口并存，内部主要是靠家长制的组织形式来维系。在人与人的关系上，它不讲政治原则，仅凭所谓“义气”行事。这些特点又使它“往往容易被地主豪强势力所操纵和利用”[①]，对革命产生不利的作用。

---

① 毛泽东：《毛泽东选集》（四卷合订本），人民出版社，1969，第 11 页。

前面曾谈到，哥老会与资产阶级合作的共同基础是反满。辛亥革命后，清朝被推翻了，哥老会原有的反清目标不存在了，同革命派联合的共同基础消失了，双方很难再配合好。加上革命派引导不得法，哥老会就完全有可能被各种政治派别所利用。贵州辛亥起义后，哥老会为立宪派旧官僚所愚弄，正好说明了这一点。

总之，哥老会是一个下层秘密团体，这个团体本身的特点使它在辛亥革命中既起了有利于革命的作用，也起了不利于革命的作用。不能因为它是以下层群众为主体的秘密组织就说它始终站在革命的一边，始终支持革命，拥护革命；也不能因为它曾受反动势力的利用而否定它在近代民主革命中所起的积极作用。对它的功过，必须实事求是地进行具体分析。

辛亥革命时期贵州宪政会耆老会的夺权和滇军侵黔

贵州宪政会、耆老会的夺权和滇军侵黔，是贵州在辛亥革命时期发生的有密切联系的两次重大政治事件。这两次事件对以后的贵州、云南乃至整个西南地区都产生了重要的政治影响。了解这两次事件的经过及其后果，对研究贵州军阀史和西南军阀史都是有帮助的。

一

辛亥革命之前，在贵州进行革命活动的是自治学社。这个革命团体在政治上接受同盟会的领导，并以团体的资格加入同盟会，不过为了便于活动，它仍沿用自治学社的名称。

1911 年 10 月 10 日武昌起义的成功，推动了全国革命形势的迅速高涨。自治学社在武昌起义的鼓舞下，运用新军、陆军小学和会党，在 11 月 3 日深夜发动起义。4 日，贵州巡抚沈瑜庆被迫交出政权，自治学社领导人张百麟等在当天组成了大汉贵州军政府，贵州起义成功。

贵州军政府是在否定清政府在贵州统治的基础上，仿照西方资产阶级民主制的模式建立起来的。它同当时北京的清朝封建专制政权是对立的，是武昌起义后南方革命阵营的一个组成部分，也是自治学社和其他革命分子经过多年活动而获得的一个重要革命成果。

贵州军政府主要是由自治学社领导人和同情革命的分子所组成的。军政府都督杨荩诚原为新军教练官，留学日本时，曾挂名同盟会。[①] 副都督赵德全在起义前任新军队官，是自治学社同新军的联系人之一。军政府行政总理周培艺是自治学社的骨干，所辖民政、财政、实业、交通、学务五个部的部长，有四人是自治学社的社员。“赞划军事，指导民政”的枢密院，院长是张百麟，九名（开始是七名）枢密员中，有六人是自治学社的社员。可以说，贵州军政府的领导权是掌握在发动起义的自治学社的人手中的。

贵州军政府同当时其他省份建立的军政府一样，在反对帝国主义、封建主义，满足广大劳动群众的政治、经济要求方面，表现出严重的软弱性和不彻底性，但总的来看，它仍然是一个革命性的政权。

同自治学社对立的是宪政预备会（简称宪政会）和耆老会。宪政会成立于1909年，主要首领是任可澄（清内阁中书）、华之鸿（贵州著名的盐商）、唐尔镛（清内阁中书、道员）、张光伟（举人），大都是所谓“绅贵”“勋门”，其中有的参加过梁启超的政闻社，[②] 在政治上接受康有为、梁启超的改良主义主张。至于耆老会，原是个把持地方的封建士绅小集团。参加这个团体的都是原清政府的退职或者在籍的官僚，主要首领有郭重光（道员）、钱登熙（道员）、陈夔麒（道员）、高培琨（道员）以及何麟书（举人）等人。宪政会和耆老会都害怕革命，反对革命，是旧制度旧秩序的维护者。

早在辛亥起义前，由于“自治主急进，宪政主渐进，而尤有异者，宪政多贵绅，自治多寒士，以此之故，意见日深，时有冲突”[③]，双方的斗争已经进行了两年。在这两年的斗争中，牵涉的范围很广，有的甚至失之于琐碎，但它主要是围绕着争夺地方事业的领导权，扩大自己政治影响这个中心展开

① 周素园：《贵州民党痛史》，载中国史学会主编《辛亥革命》（第六册），上海人民出版社，1957，第453页。

② 肖子有：《贵州自治学杜和宪政会的斗争》，载《辛亥革命回忆录》第3集，文史资料出版社，1961，第456页。

③ 赵德全复黎元洪电，见张国淦：《辛亥革命史料》，载《近代中国史料丛刊续编》，龙门联合书局，1958，第225页。

的。武昌起义后，“自治中人密谋响应，而为宪政所阻”[①]，双方斗争进一步尖锐。宪政会头头任可澄以为自治学社起义成功，将使“小人得志，吾辈无噍类矣”，建议巡抚沈瑜庆召兴义地主武装头子、靖边营管带刘显世率兵来省镇压，但刘显世刚到安顺，自治学社已经起义成功了。

起义后，在组织贵州军政府时，张百麟等在“超然派”蔡岳的调停下，采取化敌为友的方针，以为“我苟以积诚相感者，人亦以积诚相应”[②]，吸收任可澄为枢密院副院长，任命带兵来省镇压起义的刘显世为枢密员兼军事股主任，“共执政权，尽弛敌意”。但宪政会、耆老会并不因此而改变他们反对革命的立场，他们处心积虑地想踢开张百麟、黄泽霖，夺取贵州的军政大权。从这时起，双方的斗争便由争夺地方事业的领导权，转化为争夺军政府的领导权了。

为了实现夺权的野心，宪政会、耆老会在起义后，一面利用张百麟的妥协方针，混入军政府中；一面又以“民意”的代表者，施展下列卑鄙手段，进行破坏活动，妄图搞垮军政府。

攻击自治学社领导人，挑拨军政府内部的团结

起义的胜利，使自治学社领导人在作风上出现了一些缺点；革命政府在匆忙中成立，也不可避免地会出现不恰当不协调的安排，其中有些是可以在实践中加以解决的。但宪政会、耆老会以为有机可乘，对军政府领导人进行恶意的攻击。他们利用封建的地方观念，声称“贵州正都督杨伯舟系四川人，副都督赵德全系湖北人，不孚人望。谓枢密院长张百麟（即自治社长）系湖南人，巡防统带黄泽霖系浙江人，皆有野心，欲排正副都督，而以身代”[③]。由耆

① 赵德全复黎元洪电，见张国淦：《辛亥革命史料》，载《近代中国史料丛刊续编》，龙门联合书局，1958，第225页。

② 周素园：《贵州民党痛史》，载中国史学会主编《辛亥革命》（第六册），1957，第465页。

③ 钟山玉：《滇黔遭中手札》寄钟景贤第二号函（一），见中国人民政治协商会议贵州省委员会文史资料研究委员会编《贵州文史资料选辑》（第一辑），贵州人民出版社，1980，第58页。

老会唆使组成的尚武社明目张胆地宣布“张百麟、黄泽霖揽权营私，蠹国害政，已由该社宣告死刑”[①]。他们还造谣说，在军政府任职的自治学社社员都是“夤缘阶进”，“非大用之器”[②]，要从军政府中除名。为了破坏军政府领导人的团结，宪政会、耆老会“初谓军政府与枢密院军民分治，枢密院之权力渐高，引起张、杨之裂痕。继谓巡防部不隶属于军政府，军政府之权渐缩，引起杨、黄之争端。更唆使杨、赵不和，黄、赵交恶”[③]。在宪政会、耆老会的离间下，军政府内部猜忌日深，不能合作，甚至出现“杨都督为赏赉事，力新兵寥轕，委过张院长，张几被戕害”(《黎元洪政书》卷四)的严重事件。

为了缓和矛盾，经立法院的调停，军政府决定由张百麟巡视上游，杨荩诚出援武汉，但留在贵阳的赵德全、黄泽霖仍然不能合作。郭重光乘机拉拢赵德全说：“君之地位，固由自党之力，而自党之得手实由君之力。今自党在位，君事事仰其鼻息岂得谓平！宪党不甘受其卵翼，若去张、黄，宪党愿戴君统治全黔，赵惑其言”[④]，完全倒向宪政会、耆老会一边，黄泽霖陷于孤立。由于军政府领导人之间一开始就存在不团结现象，这就使得宪政会、耆老会更加肆无忌惮地进行破坏活动。

扩充武装，控制贵阳

起义后，军政府将新军由一标扩充为四标，不久又组成五路新巡防，由黄泽霖任巡防总统。刘显世利用扩军机会将从兴义带来的靖边营编为陆军第四标，但仅辖王文华一营，力量比不上自治学社。宪政会、耆老会为加强自

① 周素园：《贵州民党痛史》，载中国史学会主编《辛亥革命》(第六册)，上海人民出版社，1957，第465页。

② 周素园：《贵州民党痛史》，载中国史学会主编《辛亥革命》(第六册)，上海人民出版社，1957，第465页。

③ 黄济舟：《辛亥贵州革命纪略》，载中国科学院历史研究所第三所编辑《云南贵州辛亥革命资料》，科学出版社，1959，第166页。

④ 黄济舟：《辛亥贵州革命纪略》，载中国科学院历史研究所第三所编辑《云南贵州辛亥革命资料》，科学出版社，1959，第167页。

己的力量，由郭重光出面呈请军政府，将起义前由耆老会操纵的城防营改编为保安营，并任命已被解除兵柄的旧军官胡锦棠为保安营统领。刘显世为了不让军政府控制这支兵力，以枢密院军事股主任的资格建议军政府说："保安营者，从民意所组织，饷由自筹，责可分任，军政府但宜补助而监督之，接收非便。"[①]结果使这支拥有七八百人的保安营成了独立于军政府之外，供宪政会、耆老会驱使的私人武装。此外，大地主兼典商文明钰及唐尔镛等巨姓也出面组织武装，"把佃户们当团丁"，不时开进城内，为宪政会、耆老会助威。12月，新军第一、第二和第三标援鄂援川，军政府在省城的兵力顿减，黄泽霖的巡防营大部分在外州县，贵阳实际上为刘显世的第四标和胡锦棠的保安营所控制。以后滇军进攻贵阳就是在刘显世、胡锦棠的直接配合下进行的。

提倡"公口"，制造混乱

大开"公口"，"哥匪横行"，这是宪政会、耆老会加给贵州军政府和张百麟、黄泽霖的一条主要罪状，也是蔡锷派唐继尧率滇军入侵贵州的唯一借口。然而事实的真相是，首先提倡并大开"公口"的是耆老会，并不是张百麟、黄泽霖。据记载，早在军政府成立不久，耆老会的头头郭重光就以绅耆的身份闯进立法院，登台演说："谓今日之贵州，非公口不足以立国，贵州之政府及社会，非公口不足以辅助而保全。"[②]在他的煽动下，不到两日省城内外"公口"纷纷成立。由刘显世、胡锦棠操纵的"大汉公"，至迟在起义后的一个星期之内，即11月10日前就成立了。[③]他如宪政会、耆老会组成的"斌汉公""黔汉公"，也是在这前后出笼的。

巡防总统黄泽霖是在什么情况下成立"光汉公"的？据黄泽霖妻黄烈诚

① 周素园：《贵州民党痛史》，载中国史学会主编《辛亥革命》（第六册），上海人民出版社，1957，第464-465页。

② 周素园：《贵州血泪通告书》，载中国科学院历史研究所第三所编辑《云南贵州辛亥革命资料》，科学出版社，1959，第214页。

③ 《贵州公报》760号（1912年1月11日）。《大汉公启事》说："开办以来业经二月有余。"据此，"大汉公"之成立当在11月10日前。

在1912年写的《贵州起义首功黄泽霖被害略述》中说："刘、任本反对革命，至是潜谋为乱，然以先夫握兵权，急谋去之，乃嗾其党何麟书发起英雄会，郭重光开汉军公，陈廷棻、陈锺岳开斌汉公，意图煽动军心。时援川先锋赴渝，已著战功，先夫行期在即，所部军士，果为公口动摇，先夫恐难制驭，乃徇众请，开光汉公以约束之。"黄济舟的《辛亥贵州革命纪略》中也说："公口即哥老会之别称……贵州反正，张、黄曾资其力，洎自事定，或收编入军，或资遣回里。正安插解散之未遑，宪党包藏祸心，大施煽动。更由郭重光以耆老会名义，于立法院开会时登台演说，提倡大开公口……不两日间省内外公口，如春笋发生。郭复举黔汉公龙头温瑞廷招兵五百以驻南路，举懋华公龙头李招兵数百以扎盐路，耆老会所任之保安统领胡锦棠，则充大汉公龙头，军心被其动摇。黄苐清拟厉行裁制，不听者杀之……宪党中人谓不宜操之过急，激生他变……黄裁制之说遂不得行，为维系军心计，徇部下请，亦开光汉公自充龙头。"此外，1912—1913年周培艺、张友栋等人所写的《贵州血泪通告书》《为刘显世等惨杀黔人上参议院书》，也有同样的记载。这就清楚地说明：①耆老会开"公口"在先，黄泽霖开"公口"在后；②黄泽霖只开一个"公口"，目的是维系军心，抵制耆老会。耆老会开几个"公口"，并把它推广到社会上去，目的在"煽惑军心"。因此，如果要说谁是罪魁祸首的话，是耆老会而不是黄泽霖。

这里还应该指出，直至1912年1月，宪政会、耆老会仍然在他们的喉舌《贵州公报》上，发表《大汉公启事》，继续鼓吹"公口"有利于社会秩序，是"政治上一补助机关"[①]的高调，并且对"有谓恐公口妨害大局者"，深感"不胜诧异"。可是当时谁都知道，早在1911年12月，他们就已经以"公口林立"为理由，以全黔人民代表的名义电请滇军来贵州平定"哥匪"了。这就充分暴露了他们一方面提倡"公口"，企图壮大自己的声势；一方面又以"公口"危害社会，勾引滇军反对军政府的两面派阴谋。

---

① 《贵州公报》760号（1912年1月11日）。

制造兵变，残杀军政府领导人

寻找机会，杀害军政府领导人，特别是杀害握有军政大权的张百麟和黄泽霖，是宪政会、耆老会蓄谋已久的计划。起义不久，尚武社发出宣告张、黄死刑的叫嚣，已毫不掩饰地表露出他们杀人的险恶用心。但是，这并没有引起张百麟、黄泽霖的高度警惕。不久，何麟书再次向郭重光提出“贵州的事首先必须杀掉张、黄”[①]的密计。于是郭重光、刘显世以重金收买了由旧巡防改编为新巡防的谭德骥部下唐灿章，伺机行事。1912 年 1 月 29 日，张百麟以军政府成立三个月后进行改组之期已近，从上游返回贵阳。第二天，召集自治学社干部商讨改组军政府的问题。会上，黄泽霖等人力主清除任可澄、刘显世出军政府，张百麟没有同意。31 日，张百麟会见任可澄、刘显世，双方经过交换意见后，刘显世当场表示“请复兄弟如初”。可是过了两天，即 2 月 2 日，唐灿章在刘显世、郭重光的授意下，指使叛卒突然包围了张百麟宅和黄泽霖的巡防总统署。黄泽霖被诱骗升堂，当即被叛兵杀害，张百麟闻变兵至，匿于内室，逃出贵阳，得免于死。这就是贵州起义不到三个月，由宪政会、耆老会一手制造的“二•二”事变。

“二•二”事变发生后，在军政府任职的自治学社社员纷纷逃避，军政府处于无人负责的状态。耆老会拉拢赵德全，改组军政府，取消枢密院，改由都督统辖军民。清朝旧官僚耆老会分子严隽熙、全懋绩分任政务部正副部长，宪政会、耆老会开始夺取了军政府一部分大权。

宪政会、耆老会对贵州军政府的一系列破坏活动，就其性质来说，是辛亥革命时期立宪派旧官僚在全国范围内夺取革命果实阴谋活动的一个组成部分，但它要比当时其他省份的更猖狂、更露骨。

在宪政会、耆老会的夺权过程中，张百麟等人开始是妥协退让，对同志的劝说和警告，一律不听，以后发现了事态的严重性，又不从加强内部团结，

① 严池华：《贵州的耆老会》，载中国人民政治协商会议文史资料委员会编《辛亥革命回忆录》（第 3 集），文史资料出版社，1981，第 494 页。

戳穿宪政会、耆老会的阴谋诡计，争取广大群众的同情上做起，而是坐待军政府成立三个月后进行改组时再去解决，这就给宪政会、耆老会搞垮军政府以可乘之机。结果还没有来得及改组，黄泽霖就被杀害了，张百麟被赶跑了。“二·二”事变发生后，贵阳没有出现强烈的反响，这是令人深思的。

宪政会、耆老会通过“二二”事变，夺得了军政府一部分领导权。但由于张百麟已逃到安顺，正在寻找力量，起兵讨伐；援鄂援川的陆军第一、第二和第三标也准备回师贵阳；此外，自治学社在各州县也还有一些力量。这些，对宪政会、耆老会来说仍然是一个严重的威胁，单凭他们自己的力量是无法对付的。因此，宪政会、耆老会只好等待支持他们的侵黔滇军到达贵阳后，再将自治学杜和军政府一网打尽，彻底推翻。

二

勾结滇军侵黔是宪政会、耆老会夺权计划中的一个重要组成部分，这个活动在云南起义不久就开始了。当时负责同云南军政府勾结的是宦滇黔人，贵州的宪政会分子熊范舆、刘显治、周沆、唐尔锟和戴戡等人。

熊范舆、刘显治在云南起义前，曾充当云贵总督李经羲的幕僚，周沆任云南知府，戴戡经办云南锡矿公司，都同云南军政界有密切的联系。重九起义前夕，他们还坚持反对革命的立场，刘显治就曾建议李经羲召乃兄刘显世率军从兴义来昆明，对付新军，以备不测。但这个计划没有来得及实现，云南革命党人就在10月30日发动起义，赶跑了总督李经羲，成立了云南军政府。当时，熊范舆、周沆等人惊恐万状，周沆在“光复之夜，兵入府署”时，仓皇越墙逃命，不慎“跌入粪厕，几淹死”[①]。熊范舆则保护他的主子李经羲之子李国钧匿于昆明陆姓宅中床下，不敢出屋门一步。由于他们曾助李经羲为

---

① 孙种因：《重九战记》，载中国史学会主编《辛亥革命》（第六册），上海人民出版社，1957，第245页。

虐滇人，被捕后“咸拟杀之，以快人心”[①]。但就在这时候，云南都督蔡锷却联合参议院长李根沅分别将他们保释，不久，又委以云南军政府要职。熊范舆被吸收在都督府秘书处，刘显治充参议院议员，周沆为军政部外交局局长，唐尔锟被任命为参谋部第七部部长。从此，熊、刘、周、唐等人便从清政府的官僚一变而成为新政府中的要人。

熊范舆、刘显治等人窃据云南军政府要职后，立即开始了勾引滇军侵黔的活动。当时，他们害怕自治学社发动起义，组织革命政府，曾经要求云南军政府拨巡防营由唐尔锟率领到贵州联合刘显世，抢先夺取政权。但没过几天，自治学社起义成功了，他们的阴谋未能得逞。当上述计划落空后，熊、刘、周、唐等人又想出另一个办法，就是以贵州饷械困难为理由，请求云南军政府援助饷械弹药，运往兴义，扩充刘氏地主武装，待机夺取全省政权。但这个计划也没有完全实现（只有一小部分枪炮运到兴义，以后便中止了），于是他们便把希望寄托在请求云南军政府直接出兵贵州，实行武力夺权上了。

1911 年 12 月上旬，寓居昆明的戴戡借奔父丧之机，返回贵阳，与立宪派旧官僚面商夺权问题。这时贵阳已经出现很多“公口”，戴戡同郭重光等人经过多次密谈，最后商定了以贵州“公口林立”，秩序混乱为借口，请求滇军迅速出兵贵州，代定“黔乱”的诡计。为便于这一阴谋活动的进行，宪政会、耆老会又推荐戴戡进入枢密院，任枢密员兼军事股副主任。12 月中旬，耆老会郭重光等人盗用全黔人民代表的名义向云南军政府发出请兵密电，不久，戴戡擅自以枢密院的名义也发出同样内容的电报。

1912 年 1 月，戴戡奉宪政会、耆老会之命，以贵阳绅耆代表的身份返回昆明。随即与周沆、唐尔锟等人蒙蔽一些不明真相的旅滇黔人，在贵州会馆多次召开所谓同乡会议，大肆散布“黔中公口，劫掠奸淫，无所不至”的谎言，竭力煽起反对贵州军政府的不满情绪。同时又上书云南军政府和都督蔡锷，“谓滇黔唇齿，黔乱滇难独安，即湘蜀亦受其影响”。诡称“黔

① 孙种因：《重九战记》，载中国史学会主编《辛亥革命》（第六册），上海人民出版社，1957，第 245 页。

军不能治匪，人民推伊到滇请愿”[1]，请求滇军迅速出兵贵州，“救黔民于水火”。唐尔锟、周沆等人则利用他们在云南军政府任职的便利条件，与戴戡里应外合，推波助澜。为了促使滇军迅速出兵，他们甚至丧心病狂地以贵州都督为酬，与云南军政府订立密约五条，“中有与兴义刘家联络，并代黔组织政府，擒杀自治党人各件”[2]。贵州立宪派旧官僚就这样一步一步地将滇军引上了侵黔的道路。

对于贵州宪政会、耆老会及其同伙熊、刘、周、唐等人吁请滇军出兵贵州的要求，蔡锷及其领导下的云南军政府采取什么态度呢？可以说，蔡锷是完全支持的。蔡锷为什么支持贵州宪政会、耆老会，主要有三方面的原因。

第一，控制贵州是蔡锷早已制定的方针。云、贵、川三省一向在政治、经济上有密切的联系，贵州、四川又是进出云南的必经之地。从军事上看，据有云南，必须夺取川黔，这是娴于军事的蔡锷所熟知的。据李文汉《蔡邵阳年谱》说，早在云南起义前，在一次讨论响应武昌起义的秘密会议上，蔡锷就已经拟定了夺取贵州的计划。当时蔡锷认为“云南宜速举（义）以为东南各省倡，纵武汉失败，滇中亦可于半年之内，整顿军备，进退裕如，以此数月之中，川黔可以得手，得此三省以与满清争衡，胜负亦来可决”。及至云南起义成功后，袁世凯指挥北洋军猛攻汉口、汉阳，南北双方胜负未卜，蔡锷“以时势未可知，滇能联黔而资财于蜀，不难与中原争衡，世称西南政策，殆仿于此”[3]。这样看来，控制川黔，是巩固云南“与中原争衡”的整个“西南政策”的一个组成部分。贵州宪政会、耆老会及其同伙，主动要求滇军入黔，同蔡锷占有川黔的既定方针是完全符合的，自然乐意

① 钟山玉：《滇黔道中手札》寄钟景贤第二号函（一），载《贵州文史资料选辑》（第一辑），贵州人民出版社，1980，第58页。

② 钟山玉：《滇黔道中手札》寄钟景贤第二号函（二），载《贵州文史资料选辑》（第一辑），贵州人民出版社，1980，第65页。又，庚恩晒：《云南北伐军援黔纪事》亦称滇军与黔代表《订定援黔条约》，第11页。

③ 邓之诚：《护国军纪实》，云南省历史研究所主编《护国运动史料逸编》（一），第223页。

给予支持。

第二，扶植贵州宪政会、耆老会夺取贵州军政府大权，更有利于云南控制贵州。如前所述，自治学社及其领导下的贵州军政府，在政治上是属于同盟会系统的，它并不无条件地听命于康、梁系统的蔡锷。这一点在选派贵州代表参加南京的各省代表会议（以后改为临时参议院）的争执上，就充分表现出来了。贵州军政府本来已经选定平刚和文崇高为参加南京会议的代表，可是云南军政府与贵州宪政会、耆老会串通，背着贵州军政府，越俎代庖，由蔡锷以云南都督的名义，擅自任命熊范舆、刘显治为参加会议的贵州代表，并抢先到达南京，参加了会议。这种做法自然会引起贵州军政府的愤怒，不肯让步。平刚、文崇高于1912年1月22日赶到南京，向临时参议院作了揭发。24日，参议院议员进行表决，结果一致承认平刚、文崇高为贵州的合法代表。熊范舆、刘显治只出席三次会议，便被驱逐。贵州军政府对蔡锷的错误做法的抵制，说明它并不甘心受云南军政府的控制。与贵州军政府相反，宪政会、耆老会同云南军政府的关系就完全不同了。他们同蔡锷不仅在政治上同属康、梁系统，并且在云南军政府中还有僚属关系，一向把蔡锷等人视为靠山。蔡锷等人支持这一派，从自治学社手中夺权，重新由他们组成军政府，显然这对云南进一步控制贵州就更为有利了。

第三，蔡锷及其领导下的云南军政府之所以派兵入黔，支持宪政会、耆老会夺权，也同当时云南军政府主要是由滇军中的军人集团掌握大权有密切的联系。清末，清政府在云南设新军一镇，计两协四标，另有马、炮各一标，兵力为西南各省之冠。云南新军中的中上级军官，大多出身于日本士官学校，受过严格的日本军国主义教育。重九起义后，大部分参加起义的中上级军官都先后在军政府中任职，成为各部门的领导人。这些军人一向以打仗作为“天职”，“时时想当英雄”（蔡锷对叶荃、黄毓成等人的评语），想在动乱不安的环境中“立战功，建勋业”，以求得个人的发展。另外，云南起义后，省内各地虽小有冲突和混乱，但很快都平静下来，省内无兵可用。因此，云南军政府中的军人集团，便把向外发展作为他们的主要出路。起义后，云南军政府迅速组织援川军入川，接着又以北伐名义派兵入黔，这些都是同云南的军人集团掌握军政府大权这一事实分不开的。

这里应该指出的是，在云南军政府中，对于出兵贵州的问题，态度并不完全一致。参议院议长李根源（又任军政部长）就采取（校者：持）反对的态度。他曾当面向蔡锷陈说不可出兵贵州的道理，认为“滇黔唇齿，当此国基未定，武汉战急，只能维持现状，出以调和，不宜走入极端”①。但蔡锷并没有接受这一正确的意见，等到12月上旬李根源出巡迤西，“蔡公信熊、刘言……以唐继尧编一军率之入黔……逐杨、张，杀赵、黄，占有贵州，遂结两省恶感，种两派祸根”②，这不能不说是蔡锷的一个重大过错。

但是蔡锷对出兵贵州并不是毫无顾忌，因为贵州军政府毕竟是南京中央临时府政承认的合法政府，出兵摧毁这个政府，不仅可能遭到南京临时政府的干涉，而且同当时南方起义省份发出的团结一致，共同对付袁世凯的声浪也是不相符合的。为了掩人耳目，云南军政府在入黔滇军出师前，“经军都督策划，不用援黔称号，而以北伐军名义，假道贵阳，相机解决贵州问题”③。他们之所以不用“援黔”称号，是“恐有所阻碍也”④。

由此可见，滇军侵黔完全是贵州立宪派和旧官僚同云南军政府中的军人集团在政治上的一种勾结和利用所致。贵州立院派、旧官僚企图依靠滇军的力量，实现武力夺权；滇军以立宪派、旧官僚为工具，达到控制贵州的目的，而实现这一勾结的前提则是摧毁由自治学社领导的贵州军政府。把滇军侵黔说成是“滇都督轸念黔人，不分畛域，乃允北伐军道出贵阳，代平黔

---

① 李根源：《雪生年录》，转引自李文汉《我对蔡锷的回忆》，载中国人民政治协商会议文史资料委员会编《辛亥革命回忆录》（第3集），文史资料出版社，1981，第430页。

② 李根源：《雪生年录》，转引自李文汉《我对蔡锷的回忆》，载中国人民政治协商会议文史资料委员会编《辛亥革命回忆录》（第3集），文史资料出版社，1981，第430页。

③ 詹忠枢、孙天霖：《忆蔡锷》，载中国人民政治协商会议文史资料委员会编《辛亥革命回忆录》（第3集），文史资料出版社，1981，第434页。

④ 雷飙：《蔡松坡先生事略》，载中国人民政治协商会议文史资料委员会编《辛亥革命回忆录》（第3集），文史资料出版社，1981，第412页。

乱”[①]，或者说蔡锷出兵贵州是受贵州立宪派、旧官僚的欺骗，都是不符合事实真相的。

1912年1月27日，云南军政府任命唐继尧为“北伐军”总司令，在昆明召开誓师大会。第二天，由庾恩旸率领的“北伐军”支队从昆明出发。29日，唐继尧率大队继进。2月1日，云南都督蔡锷发表通电，说：“闻贵州公口林立，有碍治安，兹编配劲旅一梯团，任参谋次长唐继尧为北伐司令，统率北伐，道经贵阳，便助镇慑”[②]。从此，一场违反滇黔两省人民利益的滇军侵黔战争正式开始了。

滇军侵黔，引起了贵州军政府的强烈反对。枢密院在1912年元月中旬就致电云南军政府，表示贵州问题自己能够解决，并强调指出，“然或有外兵入境，则势有偏重，大乱即在顷刻”[③]，要求云南切勿出兵。2月初，自治学社社长钟昌祚从上海取道昆明回贵阳，当他在昆明听到滇军出兵贵州的消息时，也立即展开了反对滇军武装干涉贵州的斗争。钟昌祚亲自上书并谒见云南军政府领导人蔡锷等，详细地揭露了宪政会、耆老会一贯反对革命，阴谋夺取政权的罪行。此外，他还写信给上海的社会党、《民立报》以及宋教仁等，将贵州“党争”真相详加说明，以求得全国舆论的支持。

就在钟昌祚在昆明进行反干涉斗争的时候，云南军政府获悉入川的滇军在四川自贡遭到川军反击的消息。为了增援滇军，蔡锷曾在2月8日电令即将进入贵州的唐继尧，“谓北事升允攻娘子关甚急，四川同志会匪猖獗，须改道入川”[④]，准备暂时停止“援黔”，以救川急。

---

① 庾恩旸：《云南北伐军援黔纪事》，载贵州省社会科学院历史研究所《贵州辛亥革命资料选编》，贵州人民出版社，1981，第378页。

② 张国淦：《辛亥革命史料》，载《近代中国史料丛刊续编》，龙门联合书局，1958，第226页。

③ 陈恒安：《贵州军政府枢密院电稿摘述》，载中国人民政治协商会议文史资料委员会编《辛亥革命回忆录》（第6集），文史资料出版社，1981，第274页。

④ 庾恩旸：《云南北伐军援黔纪事》，载贵州省社会科学院历史研究所《贵州辛亥革命资料选编》，贵州人民出版社，1981，第385页。

但是蔡锷并没有因此而改变支持贵州宪政会、耆老会的立场，更没有放弃夺取贵州的既定方针。几乎和川、滇军在四川发生冲突的同时，在贵州又发生了由宪政会、耆老会制造的杀害黄泽霖的“二·二”事变。“二·二”事变一方面使自治学社和贵州军政府的力量大为削弱，为夺取贵州提供了好机会；另一方面，由于张百麟逃至安顺，招收兵马，准备讨伐，又使宪政会、耆老会有被消灭的可能。在这生死存亡的关头，在昆明的戴戡、周沆等人再次哭请蔡锷要滇军继续“援黔”，切勿置黔事于不问。对此，蔡锷又完全给予支持，并同意戴戡、周沆等人驰赴唐继尧军营，面商相机解决贵州的问题，同时向已经改道入川的唐继尧发出“有要事，已派员前来面商，接电驻候”[①]的电令，叫他等待戴戡和周沆，以便商讨对策。

唐继尧曾留学日本士官学校，自称“东大陆主人”，有强烈的个人野心，但在云南军政界中资历较浅，不易发展，只有向外寻找出路，因此他和戴戡等人一拍即合。经过商讨后，他们很快就制定了以“平黔”为先，川黔兼顾的方针，即入黔滇军暂时停止入川，全部开往安顺，集中力量扑灭张百麟，然后再将滇军分为两支，一支北上四川，一支东进贵阳，使援川和“平黔”同时进行。为了取得云南军政府的同意，戴戡等又以全黔代表的名义致电蔡锷再次强调滇军援黔是“成约所在，无从反汗，且黔不定无以平川固滇”，如果援黔“中途作罢”，则“贵阳与谋诸人必遭残害”[②]。蔡锷接电后，立即回电指示唐继尧说：“贵阳黄泽霖扣饷肥私，为部众所杀；张百麟走安顺。黔人乞北伐军往助，可酌拨队伍代定黔事，余军仍须入蜀。”[③]2月12日，唐继尧令所部改道向安顺进发。

2月23日，滇军到达安顺。这时张百麟已率军南下贞丰，贵阳空虚。于

---

① 李佩珩：《随唐继尧入黔忆事五则》，载中国人民政治协商会议文史资料委员会编《辛亥革命回忆录》（第3集），文史资料出版社，1981，第401页。

② 《云南辛亥革命长编》，载中国科学院历史研究所第三所编辑《云南贵州辛亥革命资料》，科学出版社，1959，第116页。

③ 《云南辛亥革命长编》，载中国科学院历史研究所第三所编辑《云南贵州辛亥革命资料》，科学出版社，1959，第116—117页。

是唐继尧以“清帝退位，民国成立……大局既定，本军计划，自应向机而行”①为由，电请云南军政府，允许所部全力解决“黔乱”。由于这时滇、川军在四川的冲突已在2月20日订立停战协定，和平解决，滇军即将退出四川，因此，蔡锷马上电令唐继尧说：“黔事糜烂，迭经绅耆乞援，实难坐视，希即督率所部戡定黔乱为要，勿庸改道入川也。”②至此，入黔滇军便全部直指贵阳。

1912年2月27日，滇军到达贵阳。宪政会、耆老会头面人物郭重光、任可澄等亲至头桥迎候。第二天，滇军不按照贵州军政府指定的地点驻扎，而是分驻城外东山、照壁山、观风台、九华宫等险要据点，在“形势上已占优势”。3月1日，宪政会、耆老会的头头在唐继尧司令部开会，商讨武力摧毁贵州军政府的问题。3月2日，唐继尧以滇军司令的名义，宪政会、耆老会以全省绅民的名义分别向代都督赵德全发出最后通牒，勒令赵德全立即退位，交出一切军政大权。与此同时，刘显世率军包围了都督府，胡锦棠保安营控制了各城门及主要街道，等待命令，发起进攻。

赵德全于滇军入黔后，在内有刘显世、胡锦棠的监视，外有滇军大军压境的情况下，幻想用“不抵抗主张”取得滇军和宪政会、耆老会的谅解。滇军进驻贵阳时，他又送大量米面酒肉去犒赏。等到滇军下达最后通牒并架设大炮对准都督府时，他才发觉他的妥协无济于事，只好授权周培艺、蔡岳等人同滇军商谈退位问题。

宪政会、耆老会请来滇军的目的是彻底摧毁由自治学社领导的贵州军政府，并不满足于赵德全去职。3月3日清晨，滇军与刘显世、胡锦棠部同时在贵阳发动全面进攻。在滇军炮火猛烈轰击下，到下午贵阳便全部为滇军和刘、胡部占领，赵德全在炮火中仓皇逃出贵阳，贵州军政府就这样迅速地瓦解了。

在滇军进攻时，驻守在黔灵山、头桥等处的贵州军政府所属黔军，曾经

① 《云南辛亥革命长编》，载中国科学院历史研究所第三所编辑《云南贵州辛亥革命资料》，科学出版社，1959，第117页。

② 《云南辛亥革命长编》，载中国科学院历史研究所第三所编辑《云南贵州辛亥革命资料》，科学出版社，1959，第117页。

进行了英勇的抵抗。他们利用险要的地势同滇军血战，但终因兵力过少，又缺乏统一的指挥，无法挽救败局。

3月4日，唐继尧等滇军将领同宪政会、耆老会召开会议，商讨另行组织军政府的问题。会上当即推唐继尧为都督，总揽全省军民大权，其下设左右参赞和政务、军务两部。以戴戡、任可澄为左右参赞，“直接辅佐都督，参画赞助一切”；以周沆为政务部长，辖财政、民政、实业、学务四司；以刘显世为军务部长，统率全省原有巡防各军并筹备改练新军的一切事宜。至此，由自治学社领导的贵州军政府，一变而成为以唐继尧为首的滇军军人和贵州立宪派、旧官僚的联合政权。至此，宪政会、耆老会的夺权阴谋和滇军控制贵州的企图，便完全实现了，贵州的辛亥革命也失败了。

军政府成立后，唐继尧、刘显世利用手中的军政大权，对自治学社和广大无辜群众进行了残酷的迫害和屠杀。自治学社社长钟昌祚在从昆明返回贵阳的途中，被刘显世杀害于安顺。赵德全逃至城外沙子哨妻家后，也被刘显世诱杀于毛栗坡。起义有功的自治学社社员杨树青率援川黔军回贵阳不久，便全部“失踪”。唐继尧、刘显世由仇杀自治学社进而仇杀一切与自治学社有关系的组织和个人。如“朱沛霖以同盟会之关系，回黔甫及一日，唐即派兵捕杀，朱幸逃窜来湘，唐复毁其家而夷其族。又同盟会会员朱芸五二十五人，唐乃诬为自治学社之变相，亦一网打尽”①。国民党党员于德坤等五人回黔组织国民党支部，设立稽勋局，“甫入黔境……即被滇军杀害，横尸数段，悲惨万状”②。在唐继尧和刘显世的淫威下，自治学社社员有的惨遭杀害，有的被迫流亡在省外，至此自治学社彻底瓦解了。

入黔滇军除屠杀自治学社社员外，对手无寸铁的无辜群众也不放过。唐继尧在螺丝山曾亲自指挥屠杀所谓俘虏六七十人，政法学生何吉琴等七十人，

① 徐龙辗：《黔人乞援书》，载中国科学院历史研究所第三所编辑《云南贵州辛亥革命资料》，科学出版社，1959，第225页。

② 徐龙辗：《黔人乞援书》，载中国科学院历史研究所第三所编辑《云南贵州辛亥革命资料》，科学出版社，1959，第225页。

陆军学垒杨俊等十余人，也被“诬为杨荩诚侦探，屠戮尽净”。

为了巩固他们在贵州的统治，唐继尧还电请云南军政府，令援川滇军分路进入贵州大定、毕节、遵义、铜仁等地。不久又调滇省东路游击军来黔，“代清积匪”。地主武装头子刘显世在唐继尧的支持下，乘机扩大武装并安插亲信刘显潜为安义、威宁两镇总兵，胡锦棠为镇远总兵，陈钟岳为古州总兵，何麟书为铜仁巡按使，把势力扩大到省内各地。在他们的搜捕下，“上至遵义，下迄松铜，屠城惨杀，日有所闻”①。到1913年，原贵州军政府的最后一支武装——援鄂黔军，在滇军的进攻下也溃散了，贵州完全为唐继尧、刘显世所统治。

三

辛亥贵州起义后，宪政会、耆老会反对贵州军政府的活动，是辛亥革命时期立宪派、旧官僚在全国范围内夺取革命果实这一阴谋活动的一个重要组成部分，也是贵州立宪派、旧官僚继湖南之后发动的又一次血腥的武装夺权事件。在这个过程中，宪政会、耆老会一方面采用各种卑鄙手段，破坏和瓦解自治学社领导的贵州军政府；一方面又勾结滇军入黔，将贵州军政府彻底摧毁，完全实现了夺取贵州军政大权的野心。借助“客军”力量，实行武装夺权，这是贵州立宪派、旧官僚夺取革命果实的显著特点。

云南都督蔡锷领导云南起义是有功劳的，但他在对待邻省贵州自治学社同宪政会、耆老会的斗争问题上，却完全站错了立场。他支持宪政会、耆老会的夺权阴谋，派出唐继尧率领滇军到贵阳摧毁贵州军政府，镇压自治学社，进而建立起以唐继尧为首的滇军和立宪派、旧官僚的联合政权，将贵州纳入云南军政府的控制之下。

滇军侵黔是云南军人集团发动的一次向外扩张势力的不义战争，它开创

① 徐龙辗：《黔人乞援书》，载中国科学院历史研究所第三所编辑《云南贵州辛亥革命资料》，科学出版社，1959，第224页。

了中华民国史上一个省使用武力夺取另一省统治权的第一例。宪政会、耆老会勾结滇军侵黔，使得唐继尧、刘显世乘机而起，为他们在以后割据云南和贵州，创造了军事和政治的条件。从这个意义上说，滇军侵黔又是西南军阀出现的前奏曲。从此，军阀割据和混战的帷幕就在这没有旋律的前奏曲中，徐徐拉开了。

黄泽霖

黄泽霖（1882—1912），字茀卿，一作佛青，号思明，原籍浙江会稽，1882年（清光绪八年）生于贵州，同盟会会员。他的祖父曾在贵州任知府，父偕任，后亦就幕于黔。青年时期的黄泽霖曾习刑名，义和团运动后，他愤于清廷的腐败，以为非从事根本改造不足以救危亡，乃改治法政。黄泽霖同张百麟系戚谊，感情很好，往来密切。

1907年12月，张百麟等在贵阳成立自治学社，黄泽霖积极支持，为发起人之一。1908年，自治学社筹备出版报纸，黄泽霖入股资助，又亲赴上海购置印刷机等，使《西南日报》得以在第二年夏天顺利出刊。1909年，自治学社创办官立法政学堂，他被聘为现行律教员。黄泽霖还支持其妻黄烈诚在贵阳创办光懿女子师范、光懿女子等小学，在妇女界宣传反清爱国思想。1910年，黄泽霖入提法公所任科员，翌年又兼教职于官立法政学堂和法官养成所。不久，奉自治学社命，充新军标统袁义保的书记官。这样，黄泽霖与学界、政界、军界都建立了一定的联系。

黄泽霖对君主立宪说和清政府的预备立宪极为不满，常在授课时甚至公开集会上揭露其愚弄国民的诡计，“语多激烈”。因此，贵州立宪派对他十分痛恨。

辛亥武昌首义，鼓舞了贵州革命党人。自治学社立即成立了由十人组成的筹划起义的总机关，黄泽霖是总机关的成员之一，负责军事部和争取袁义保的工作。他废寝忘食，日夜奔走于军界和学界。其时贵州有新军一标，陆军小学一所，士兵和学员中有不少人同情革命。此外，各州县的自治学社社员还以组织乡兵为名，招收会党（哥老会，应为耆老会；校者）分子，编制成军，待命而动。湖南光复后，黄泽霖在一次秘密会议上主张发动新军和陆小即日起义，因为意见分歧，没有被采纳。10月下旬，贵州巡抚沈瑜庆接受宪政预备会任可澄的建议，电召西路巡防二营管带刘显世来贵阳镇压党人，不久，又见新军不稳，下令收缴士兵子弹。黄泽霖以为情势紧迫，再不举事就要身临大祸，于是致书袁义保，晓以大义，劝其率众起事，为袁拒绝。10月底，云南起义消息传至贵阳，群情激动。

黄泽霖派人贿买南药局守兵，得子弹数箱，秘密散发给士兵。11月3日夜，陆军小学学员率先发难，新军响应，黄泽霖开城门迎新军入城。4日，沈瑜庆被迫交出政权，贵州光复。

光复后，自治学社在各地招募的会党群众陆续来到贵阳。军政府扩军时收编了一小部分，大部分没有得到安置，有人产生了不满情绪。张百麟等为了团结这部分群众，命黄泽霖将他们收编为东、南、西、北、中五路新巡防营，并任他为五路巡防总统。12月，新军一、二、三标先后出省援川、援鄂，黄泽霖统率的五路巡防营便成了贵州军政府的主要武装力量。

贵州立宪派、旧官僚早在起义前就与自治学社对立。起义后，张百麟采取“共执政权、尽弛敌意”[①]的方针，吸收任可澄、刘显世等入枢密院。对此，黄泽霖极力反对，张百麟不从。但是立宪派、旧官僚并没有因此而改变对军政府的敌意，反而更加猖狂地进行恶毒攻击和破坏活动。张百麟和黄泽霖是军政府的两个主要领导人，因而也成了立宪派、旧官僚攻击的主要对象。特别是对握有五路巡防指挥权的黄泽霖，他们更是必欲置之死地而后快。军政府成立后不久，立宪派、旧官僚就造谣说张、黄有野心，想取代正副都督；又组成所谓的尚武社，公然宣称张、黄揽权营私，已由该社宣告死刑。清朝道员、耆老会分子郭重光为瓦解巡防营，还到处游说，鼓动广开“公口”(哥老会，应为耆老会；校者)，声称：“今日之贵州，非‘公口’不足以立国，贵州之政府及社会，非‘公口’不足以辅助而保

① 周素园：《贵州民党痛史》，载中国人民政治协商会议贵州省委员会文史资料研究委员会编《贵州文史资料选辑》(第四辑)，贵州人民出版社，1980，第63页。

全。”[①] 在他的煽动下，各地“公口”纷纷建立，社会秩序逐渐混乱。

其时，黄泽霖原准备率军援川，“公口”出现后，所部发生动摇。黄泽霖“恐难制驭，乃徇众请，开光汉公以约束之”[②]，可是这个办法并没有制止混乱，反而使“公口”愈来愈多。为了维护社会秩序，黄泽霖下令严禁“公口”的不法活动。12月15日，他在四川会馆设宴，机智果断地将扰乱秩序的巨匪罗魁当场枪决。与此同时，对其部众也严加约束，规定“扰民者刑于市，违抗长官命令者杀无赦”[③]。接着又将违犯军纪，借端敲索的东路巡防营目兵七人绳之以法，社会秩序才逐渐稳定下来。

黄泽霖对不法分子的严厉制裁，是对立宪派、旧官僚利用“公口”制造混乱的有力回击，但也因此而产生了与其部众的矛盾。东路巡防分统谭德骥“惮泽霖方严，亦震栗不自安”[④]。刘显世、郭重光趁机用重金收买了谭德骥部唐灿章等伺机杀害黄泽霖。

1912年1月30日，张百麟召集自治学社干部商讨改组军政府事宜，黄泽霖力主将任可澄、刘显世等清除出军政府。立宪派、旧官僚深恐日后军政府改组时被踢开，决定对黄泽霖下毒手。当时有人提醒黄泽霖提高警觉，加强防范，他回答说：“刘如周（显世）一乡团首，敢尔耶？”[⑤]2月2日上午10时左右，唐灿章指使部卒十余人到巡防总统署谎称已捕获逃逸犯，请黄泽霖亲自审讯。黄泽霖刚进大堂，叛卒立即开枪将他击倒，复一拥而上，断其头、手，黄惨遭裂肢而死。

---

① 周素园：《贵州血泪通告书》，载《云南贵州辛亥革命资料》，贵州人民出版社，1981，第214页。

② 黄烈诚：《贵州起义首功黄泽霖被害略述》，载中国科学院历史研究所第三所编辑《云南贵州辛亥革命资料》，科学出版社，1959，第211页。

③ 周素园：《贵州民党痛史》，载中国人民政治协商会议贵州省委员会文史资料研究委员会编《贵州文史资料选辑》（第四辑），贵州人民出版社，1980，第69页。

④ 周素园：《贵州民党痛史》，载中国人民政治协商会议贵州省委员会文史资料研究委员会编《贵州文史资料选辑》（第四辑），贵州人民出版社，1980，第69页。

⑤ 平刚：《贵州革命先烈事略·黄泽霖》，载《云南贵州辛亥革命资料》，贵州人民出版社，1937，第278页。

贵州军阀刘显世的兴起及其特点

近代中国军阀是近代中国半殖民地半封建社会的产物。毛泽东同志在《中国的红色政权为什么能够存在》一文中，对近代军阀的出现及其相互间的混战这一中国特有的现象，有过精辟的分析。他指出："这种现象产生的原因有两种，即地方的农业经济（不是统一的资本主义经济）和帝国主义划分势力范围的分裂剥削政策。"毛泽东同志关于近代军阀的论述是我们理解近代中国军阀割据和军阀混战的一把钥匙。

近代军阀的出现除了有其共同的原因外，割据于各省的大小军阀因各自所处的具体环境和条件不同，又有它形成的特殊过程。研究各省地方军阀的具体形成过程是研究近代军阀史的重要内容，并且是研究军阀形成一般规律的起点。

辛亥革命后，割据于贵州的军阀开始于兴义刘显世（1870—1927），即所谓的兴义系军阀。

兴义刘氏是在太平天国运动时期靠镇压贵州各族人民起义起家的，是虎霸兴义一隅的封建土豪。1902—1904 年，广西爆发农民反清大起义，势力波及贵州西南部。起义群众一度攻占了与广西西隆州毗邻的兴义县城。在农民阶级与地主阶级的生死大搏斗中，刘显世继承乃父刘官礼（字统之）的反动衣钵，奉命组织团练——靖边团营，卖力地协助清军镇压起义群众。不久，起义军退出兴义，刘显世"以功保知县，管带靖边正营"，这是刘显世初露头角。1905 年以后，贵州裁减旧军，由于当时民主革命形势高涨，在地方士绅的要求下，刘显世的靖边团营暂时被保留下来，应该说，直到辛亥革命前夕，刘显世家族在政治、军事上是有一定影响的，但是就全省范围来看，还不是很大的。然而，在辛亥革命后短短的五六年中，刘显世却一变而成为统治贵州全省的军阀头子。刘显世从一个地方土豪发展成为割据一省的军阀，这除了是基于毛泽东同志指出的近代军阀产生的一般原因外，它同当时贵州的特殊政治条件和环境是有着密切的联系的。本文拟就刘显世在贵州的特殊条件和环境下兴起的过程及其特点，提出一些初步的看法。

一

辛亥革命时期，在革命与反革命的激烈斗争中，刘显世与贵州立宪派、旧官僚勾结在一起，利用革命党人的妥协弱点，混入革命队伍，窃取了贵州军政府一部分实权，为他以后在贵州建立军阀统治奠定了基础。

1911 年 10 月 10 日，武昌起义爆发后，号称同盟会贵州分会的自治学社也加紧了起义的准备活动。当时贵州有新军一标，自治学社派社员暗中进行联络，等待时机发动起义。和自治学社对立的以宪政会为代表的贵州立宪派、旧官僚这时也看出新军倾向革命，担心一旦起义成功，将会危及他们的政治、经济利益。10 月 22 日，由立宪派头头任可澄出面建议巡抚沈瑜庆召兴义刘显世率团勇来贵阳，以备不测。立宪派、旧官僚这个建议至少包含两个目的：一是利用刘显世的武装对付自治党人，镇压起义；二是在起义已成不可阻挡之势时抢先宣布独立，以夺取贵州的军政大权。但是立宪派、旧官僚这一阴谋并没有得逞，当刘显世率领的五百名团勇刚到安顺时，自治学社在新军和陆军小学的支持下，于 11 月 4 日起义成功，随即成立了大汉贵州军政府。对于这个出乎意料的事变，刘显世虽然感到懊丧和惊慌，可是他并没有偃旗息鼓，桃之夭夭，而是指派其外甥王文华持书到省，利用以前他在贵阳同某些革命党与立宪派的旧关系，探测军政府对他的态度，然后再决定去向。

对于来贵阳镇压起义的刘显世，应该采取什么对策，军政府内部存在明显的分歧。一种意见认为刘显世此举是“阳示犬依，而阴为狼顾”[①]，主张杀刘显世以除后患；另一种意见认为“刘（显世）自命不凡，驭之不易，不如令其归去”[②]；再有一种意见则认为革命成功，必须“化除党见”，主张团结刘显世。这最后一种意见是由“虽接近自治党，而与刘显世肺腑交”[③]的蔡岳提出来的，它得到了军政府部分领导人特别是张百麟的极力赞成。张百麟为什么同意蔡岳“化除党见”的主张？原来在新成立的贵州军政府中，正副都督杨荩诚、赵德全，枢密院长张百麟，五路巡防总统黄泽霖都是外省人，[④]起义后，在酝酿军政府领导人选时，就有人提出应该由本省人充当主要领导人的意见。张百麟被推为枢密院长后，为满足这部分人的要求，稳定形势，决定同具有地方实力的立宪派旧官僚谋求妥协，采取“尽弛敌意，共执政权”的方针，因此他极力支持蔡岳的主张。10月8日，在张百麟的疏通下，刘显世将队伍开进贵阳。

刘显世及其反革命武装不仅因自治党人的妥协得到了保存，并且还有了进一步的发展。就在他进入贵阳不久，他便与混入军政府中的立宪派互相勾结，乘军政府扩军之机，将从兴义带来的徒手团勇改编为配有新式枪支的贵州陆军第四标，并自任标统（这支武装当时只有一营）。与此同时，他又以“办团多年”被吸收到枢密院任枢密员兼军事股主任，顺利地窃取了军政府的一部分军政实权。

必须指出，刘显世窃据这两项要职，是违反军政府“军民分治”的组织原则的。起义后成立大汉贵州军政府时，党人就明确提出“贵州去敌绝远，无施行军政之必要，且防武人专横之渐，并树文人”，因此规定军政

① 平刚：《贵州革命先烈事略·黄佛青》，载《云南贵州辛亥革命资料》，贵州人民出版社，1937，第278页。

② 黄济舟：《辛亥贵州革命纪略》，载中国科学院历史研究所第三所编辑《云南贵州辛亥革命资料》，科学出版社，1959，第164页。

③ 周素园：《贵州民党痛史》，载中国人民政治协商会议贵州省委员会文史资料研究委员会编《贵州文史资料选辑》（第四辑），贵州人民出版社，1981，第72页。

④ 杨荩诚是四川人，赵德全是湖北人，张百麟是湖南人，黄泽霖是浙江人。

府由都督府、行政厅、枢密院三部分组成，其中都督府专管军事，行政厅总理主办民政，枢密院则赞划军事，指导民政，是最高的决策和权力机构。由于有了“军民分治”这个原则，所以军队的最高统帅——正、副都督杨荩诚、赵德全和五路巡防总统黄泽霖均不得位列枢密院枢密员。然而，自治党人对刘显世却深信不疑，居然放弃自己的原则，既任刘显世为陆军第四标统兵官，又授以枢密院枢密员兼军事股主任，一身而兼军方与枢府两要职。以军统政，军政兼摄，这正是民国元年以来军阀统治的一个重要的特点。刘显世这时虽然还没有成为军阀，但他利用了革命党人妥协的弱点，同立宪派、旧官僚勾结在一起，窃取一部分实权，开始向军阀道路迈出了决定性的一步。

二

辛亥革命时成立的贵州军政府刚满九十天，刘显世便伙同立宪派、旧官僚在滇军的支持下，一手制造了两次血腥事件，夺取了贵州的军政大权。在这两次事件中，刘显世既是策划者又是执行者。

第一次血腥事件是1912年2月2日，刘显世收买了一小撮巡防营官弁刺杀黄泽霖，赶跑张百麟的所谓“二・二事变”。巡防总统黄泽霖是自治学社的骨干，是军政府中反对立宪派、旧官僚最坚决的一个，因此刘显世等人对他恨之入骨，必欲置之死地而后快。经过精心的策划，刘显世等终于利用巡防营一些士兵为非作歹，受到黄泽霖惩罚而心怀不满的机会，收买了东路巡防营中的几个官弁于1912年2月2日将黄泽霖杀害于巡防总统署。叛卒本来还想杀害张百麟，百麟匿避得免，逃出贵阳。“二・二事变”是一次反革命政变，它使贵州军政府完全处于瘫痪状态，为立宪派、旧官僚全面夺取军政府大权创造了条件。“二・二事变”发生在滇军北伐誓师大会后的第六天，它为滇军假北伐之名，行进黔之实制造了借口。刘显世猖狂发动“二・二事变”表明他坚定不移地站在封建顽固势力的立场，他已经完全充当了反动势力反对革命的急先锋。刘显世的这种露骨的反动立场和活动，赢得了立宪派、旧官僚对他的倚重，使他很快地成为贵州反动势力的核心。[①]

第二件血腥事件是云南的唐继尧应贵州立宪派、旧官僚之请，在1912年3月2日率滇军到贵阳以武力摧毁贵州军政府，夺取了贵州的军政大权。在这次事件中，刘显世指挥的第四标卖力地配合滇军对军政府领导人和自治学社社员进行了疯狂的屠杀和迫害，贵州辛亥革命的果实完全被他们所篡夺。

"三·二事变"对唐继尧来说，是使之爬上了贵州都督的宝座，达到了控制贵州的目的；对刘显世来说，则是为他在尔后建立军阀统治创造了一些更加有利的条件。这表现在：第一，伙同滇军彻底消灭了自治学社在军界政界的力量，使贵州成了清一色的旧官僚、立宪派的天下。唐继尧、刘显世在夺取军政府的大权后，继续派军队到处镇压异己力量。不用说，自治学社社员就是他们首先要屠杀的对象，如社长钟昌祚等人。不断向立宪派、旧官僚表示愿意友好合作的副都督赵德全，也不为刘显世所容而惨遭杀害。[②]到1912年8月，军政府剩下的唯一的一支军队——都督杨荩诚率领的援鄂黔军也在湘黔交界的铜仁被解除武装。刘显世这种诛戮异己的残暴行为，为他以后在贵州的统治清除了障碍，扫清了道路。第二，刘显世的军权得到了进一步的扩大。由于刘显世配合滇军摧毁贵州军政府立了大功，因此在唐继尧和贵州立宪派、旧官僚组织联合政权时，刘显世被推为都督府军务处长。军务处是仅次于都督的第二级军事机构，与政务处平行。军务处长的职权范围是"受都督之命令，统辖本省原有巡防各军队，兼筹备改练新军一切事宜"[③]，这同枢密院军事股主任相比，地位提高了，军权进一步扩大了。此后，刘显世便利用他手中的军权，一方面继续镇压革命分子，一方面将其军事力量逐渐扩展

---

① 周素园：《贵州民党痛史》，载中国人民政治协商会议贵州省委员会文史资料研究委员会编《贵州文史资料选辑》（第四辑），贵州人民出版社，1981，第47页。

② 关于钟昌祚和赵德全以及自治党人被杀害的情形，见《先烈钟山玉先生事略》《贵州血泪通告书》《黔人乞救书》等。

③ 庾恩旸：《云南北伐军援黔纪事》第八节，载贵州省社会科学院历史研究所编《贵州辛亥革命资料选编》，贵州人民出版社，1981。

到全省各地。因此，滇军侵黔就成了以刘显世为首的兴义系集团势力壮大的一个重要环节。

1913年9月，唐继尧因蔡锷调往北京，被袁世凯任命为云南都督。唐继尧是大西南主义的忠实执行者，一向将贵州看作云南的势力范围，“二次革命”后，袁世凯插手滇黔之心日益明显，这使得唐继尧等人更加注意对贵州的控制。由谁来统治贵州对云南更为有利？如前所述，刘显世是在唐继尧的支持和重用下壮大起来的，他对唐继尧自然感恩戴德；特别是他的军队所需要的饷械弹药，更是不能离开云南的支援，因而他把唐继尧视为靠山。由于刘显世具有地方实力和一定的武装力量，又甘心追随和依靠云南，因此唐继尧决定将贵州交给刘显世。

这时，垂涎西南的袁世凯也想乘此时机将贵州纳入他的控制之下，因此当唐继尧调离贵州时，袁世凯便借口改革地方官制，实行“军民分制”，决定贵州不再设置都督，而任刘显世为护军使专管军事，任戴戡为民政长（后改称巡按使）管理全省民政。1914年11月，戴戡调到北京，袁世凯改派其亲信龙建章为巡按使，企图以此加强对贵州的控制。但是袁世凯的这些措施只是达到了不使贵州大权集于一人的目的，却不能遏制刘显世在贵州的地方势力的发展。因为唐继尧离黔和刘显世任护军使，对刘显世来说，它的意义在于：其一，搬去了阻挡刘显世向上爬的顶头上司——贵州都督唐继尧；其二，护军使一职虽不管理全省政治，但在军事上，已位列全省最高领导，独揽全省军事大权。因此袁世凯这些措施实际是将贵州交给了刘显世，是有利于刘显世独立发展的。正如有人说的：“刘氏自鸿魁以来觊觎贵州兵柄，处心积虑，谋之殆四十年，至是始如愿以偿。”①

---

① 周素园：《贵州陆军史述要》，载中国人民政治协商会议贵州省委员会文史资料研究委员会编《贵州文史资料选辑》（第一辑），贵州人民出版社，1980，第13页。

三

刘显世对袁世凯一直是竭诚拥护的，早在1912年夏，他为了取得袁世凯政府对其夺权勾当的支持，就不断串通在北京的贵州籍国会议员和依附北洋的几个政客，为他同袁世凯搭钩牵线。

1913年7月，国民党发动“二次革命”，刘显世同唐继尧一起，坚决支持袁世凯的武力镇压政策。唐继尧离黔后，他一方面同云南保持密切的联系；一方面加紧讨好袁世凯，将袁世凯当作他的新主子。1914年，一部分国民党员在孙中山的号召下，在四川、云南、广西等地继续进行反对袁世凯的秘密活动。刘显世出于他的反动本性，密电北京政府，说：“显世受大总统特达之知，各总长随时提升，自应严密防范，保持公安，拱卫国土，借报知遇。”表示死心塌地拥护袁世凯。在密电中他还请求袁世凯拨给枪械弹药，以便随时对付国民党的“叛乱修”。1915年，袁世凯上演恢复帝制的丑剧，刘显世与龙建章积极张罗所谓国体投票，甚至无耻地向袁世凯上谢恩折，进呈贡物，以表示他对恢复帝制的拥护。上述事实完全可以说明刘显世已经成为袁世凯的忠实爪牙。

由于刘显世坚持反动立场，敌视一切进步和革命的活动，衷心拥护袁世凯，终于得到了袁世凯对他的一定的信任。1915年10月，袁世凯为笼络刘显世，特下令给刘显世的护军使加了“督理贵州军务”衔，[①] 使他取得了同各省将军相同的职权，不久为酬答刘显世对帝制的支持又授予子爵。云南护国军起义后，袁世凯立即拨款三十万元，企图以此稳定贵州，孤立云南。

袁世凯对部众从不采取完全信任的态度，当然更不会将刘显世当作自己人，但为了对付反袁势力，瓦解云贵的关系，又不能不给刘显世一点好处。刘显世就是在袁世凯与革命党的矛盾中，袁世凯与非北洋系的西南各省的矛盾中，通过拥护袁世凯，使他的军事政治地位不断得到巩固和发展。截至

① 周素园：《刘显世致北京政府电》(1914年4月14日)，载《近代史资料》，中华书局，1962年第1期，第171页。

1915年年末，刘显世指挥的陆军已由1912年的不足一团，发展为六个团。另外，分散在全省各地的巡防营已有数千余人，因此刘显世集团已经完全控制了贵州省。

四

如前所述，刘显世对袁世凯恢复帝制活动是完全拥护的。云南护国军起义前，进步党曾经通过各种渠道劝说刘显世采取一致行动，都被刘显世所拒绝。在刘显世等人看来，以云南一省之力讨袁，无疑是“以卵击石，自取败亡，贵州万不宜从井救人，同趋灭顶”[①]。因此，在云南起义后，刘显世仍然同袁世凯政府保持密切联系，甚至还想对来贵阳的戴戡，采取暗杀手段以讨好袁世凯。[②]

但是，形势的发展远远超出了刘显世的估计，1916年1月，云南护国军第一军分三路向川黔进军，其右路由戴戡指挥直指贵阳，贵州巡按使龙建章弃职逃往广西。与此同时，在刘显世的黔军中，以王文华为首的所谓少壮派因受其兄进步党人王伯群等的影响，联络一部分中下级军官，公开向刘显世提出参加讨袁战争的要求，王文华等还明确表示如果刘显世拒绝，则将率所部单独行动。云南出兵贵州与黔军内部的分裂，使得刘显世不能再迁延观望，为了维护他在贵州的统治，刘显世被迫在1916年1月27日宣布脱离袁世凯独立，参加讨袁战线，但同时他又指使其兄刘显潜在兴义接受袁世凯任命的贵州巡按使一职，继续听命北洋政府，企图两面投机。

1916年6月，国贼袁世凯在全国人民一致声讨下毙命，护国战争结束。此后，南北两方开始了所谓议和谈判。

---

① 周素园：《贵州陆军史述要》，载中国人民政治协商会议贵州省委员会文史资料研究委员会编《贵州文史资料选辑》（第一辑），贵州人民出版社，1980，第14页。

② 周素园：《贵州民党痛史》，载中国人民政治协商会议贵州省委员会文史资料研究委员会编《贵州文史资料选辑》（第四辑），贵州人民出版社，1980，第105页。

刘显世参加护国战争完全是被迫的，然而他却因此得到了意想不到的收获，他不仅在国内猎取到“反袁首义”的美名，更重要的还是通过参加反袁战争，使他在贵州的统治进入了一个新的阶段。

第一，取得了贵州的全部统治权。贵州宣布参加讨袁战争时，刘显世便自封为贵州都督，独揽全省军政大权，反袁战争结束后，段祺瑞效袁世凯之故伎，继续高唱“军民分治”的老调，企图削弱各省地方军阀的势力。为此，北洋政府在7月下令，将各省将军或护军使一律改称督军，巡按使改称省长，贵州督军和省长分别由刘显世和戴戡担任。不久，这个安排又做了变动，戴戡改任四川军务会办，贵州省省长一缺由督军刘显世兼任。这样一来，刘显世便由专管军事的督军，一变而成为总揽全省军政大权的统治者。

第二，武装力量得到进一步的扩充。护国战争前，贵州有陆军六团。护国战争后，刘显世为了巩固和扩大地盘，继续扩军，到1918年，光是陆军便由六团扩充为近两个师。当时贵州的财政收入自给不足，为了保证军饷，刘显世除了加强对人民的压榨外，在1917年秋，公开下令开放烟禁，“令各县普种鸦片，征税以裕饷源”[①]。

第三，政治上左右逢源，割据贵州。护国战争结束后，国内政治上出现了两种对立：一是西南护法各省与北洋政府的对立，一是西南护法各省内部真护法与假护法的对立。在这些错综复杂的矛盾中，刘显世参加了与北洋对立的西南护法阵线，他的目的是利用这个战线的声势，抵制段祺瑞的武力统一政策，以保持他在贵州的统治。在西南护法阵线内部，刘显世又唯“西南王”假护法的唐继尧的马首是瞻，拒绝甚至抵制孙中山的领导，以此讨好北洋政府。

1918年，护法军政府大元帅孙中山号召西南各省组织靖国军，出兵四川、湖北以讨伐段祺瑞，并派军政府秘书长章炳麟亲至滇黔川布置一切，但刘显世却置之不理，仍然独行其是。据章太炎说：“贵州助云南出师，自号黔

① 韩祉章：《贵州政局的回忆》，载中国科学院历史研究所第三所编辑《云南贵州辛亥革命资料》，科学出版社，1959，第315页。

军，不肯用靖国军名号。其将吏常言：出师四川，为戴戡复仇，本不与国家事，此皆市德北廷，为伸缩地。”①

上述情况说明，刘显世已经完全成了割据贵州的地方军阀。

五

贵州军阀刘显世有以下几个特点值得注意。

第一，近代中国军阀有不同的来源，刘显世是一个由举办团练的封建土豪转化而来的地方军阀。这个手里只有几百名团勇的土豪之所以能够在短短的几年中发展成为割据一省的军阀，就其政治原因来看，主要是由于他在辛亥革命时期一出场就站在革命的对立面，而受到一切反革命势力的重视和支持。这当中，唐继尧及其滇军对他的扶持和袁世凯对他的利用，尤其起到了重要的作用。而1915年云南发动的讨伐袁世凯的护国战争，又提高了贵州的战略地位，给刘显世创造了机遇，最终使他实现了对贵州全省的统治。

第二，贵州军阀刘显世是一个具有浓厚封建性和保守性的地方军阀集团。刘显世是一个拥有四千多亩良田的大地主，他头脑守旧，“于政治一无所知”，居然把他对贵州全省的统治直视为在兴义举办团务的“放大”。② 刘显世统治贵州期间，主要是依靠辛亥革命时期同他一起夺取革命果实的旧官僚、地主、士绅和政客，其中秘书长熊范舆、顾问郭重光、政务厅长何麟书，财政厅厅长张协陆被称为刘显世的四大台柱。熊范舆是清末立宪派，后在云贵总督李经羲幕中当文案；郭重光在安徽当过清朝的道员，后来因贪污案，解职回籍，是贵阳封建余孽“耆老会”的头面人物；何麟书是清朝的举人、地主；张协陆曾留学日本，是立宪派的追随者。这些人从民国元年以来就与刘显世结成

① 袁英光：《太炎先生自定年谱》，转引自汤志钧《章太炎年谱长编》(上)，中华书局，1979，第580页。

② 周素园：《贵州民党痛史》，载中国人民政治协商会议贵州省委员会文史资料研究委员会编《贵州文史资料选辑》(第四辑)，贵州人民出版社，1980，第97页。

死党，把持地方政治，这就更加增强了刘显世军阀集团的封建性和保守性。

第三，刘显世是一个军事和经济力量都比较薄弱的地方军阀集团，因而使他又具有明显的依赖性和保守性。在军事方面，护国战争后，刘显世已拥有近两个师的陆军，但这同四川、云南、广西等省的军阀相比较，力量还是弱小的。更重要的是，刘显世的武装，既没有能生产足够的新式枪支弹药的军工体系，也没有培养和训练军事人才的完整的教育体系，这就限制了它的军事力量的扩张。在经济方面，贵州在清代就属于协饷省，民国以来，唐继尧、刘显世对地方毫无建树，财政收入仍然不能自给。以1916年为例，全省财政预算岁入为159万元，而岁出却为280余万元，岁入仅为岁出的60%强。[①]刘显世军阀集团在军事、经济上力量的薄弱，必然导致他对外的依赖性——在政治、经济、军事上依赖于滇系军阀，同时也决定了他的统治的脆弱性。1920年，王文华支使部众在贵阳发动的所谓“民九政变”，刘显世几乎没有经过什么抵抗便被赶下了台。

① 贾士毅：《民国财政史》（下），商务印书馆，1934，第1089页。

“二·二事变”与黄泽霖之死

农历辛亥年腊月十四日（1912 年 2 月 2 日）上午十时左右，一群诡称押解逃犯的士兵拥入贵州军政府巡防总统署，将年仅三十岁的巡防总统黄泽霖枪杀后，扬长而去。这就是在贵州起义不到三个月，由宪政会、耆老会制造的血腥的“二·二事变”。

黄泽霖（1882—1912），字茀卿，浙江会稽人，自治学社社员。辛亥起义前，办过报纸，担任过公立法政学堂教员，为革命奔走，不辞劳苦。武昌起义后，他积极参与筹划和组织新军响应的活动，是辛亥贵州起义的领导者之一。军政府成立后，黄泽霖被推选为司法部部长，不久改任五路巡防总统。1912 年 2 月 2 日被叛兵杀害。宪政会、耆老会为什么要杀害黄泽霖，他们用了一些什么阴谋诡计杀害黄泽霖？这是了解“二·二事变”的一个重要问题。本文试图对此做一些初步的分析。

立宪派、旧官僚为什么要杀害黄泽霖？原因之一是黄泽霖在自治学社同宪政会（起义后还有耆老会）进行的激烈斗争中，态度最坚决、最鲜明。

黄泽霖在自治学社的领导层中，可以算是比较激进的。早在庚子以后，他就认为对“构祸召诲”的清政府，“非从事根本改革，不足以救危亡”[①]。1906 年，清政府实行假立宪，欺骗全国人民，对此，黄泽霖公开进行抨击。在一次演说中，他大胆揭露了“皇族内阁之罪恶及清预备立宪之诈伪”，主

① 冯自由：《革命逸史》第四集，商务印书馆，1947，第 243 页。

张“各省当组织乡兵，预备武力，以为自卫之计”[①]。因此，他对忠实维护清朝统治的贵州宪政会视之如仇雠，一有机会就同他们进行斗争。1909年，自治学社通过《西南日报》同宪政会展开笔战时，黄泽霖“实任报务”[②]，该报“揭载土豪事实，尤以唐尔镛、刘显世、任可澄、何麟书辈劣迹为多……唐、任、刘、何以是衔之”[③]。这是辛亥起义前的事。

1911年11月4日，贵州起义胜利，成立了由自治党人领导的贵州军政府。宪政会早就将贵州看成是由他们左右的天下，更不允许在他们身边有一个革命政府。早在起义前，他们一方面请云南派唐尔锟率巡防营入黔，企图抢先夺取政权；一方面建议巡抚沈瑜庆召兴义地主武装头子、靖边营管带刘显世率兵来贵阳镇压。但是唐尔锟还没有来得及出兵，刘显世的队伍刚到安顺，自治学社就已经依靠新军、陆军小学发动起义获得了成功。宪政会不满自治学社控制贵州军政府，继续同自治学社进行争夺军政府大权的斗争。在斗争中，黄泽霖又是反对耆老会最坚决的一个。请看下面的事实：

其一，如前所述，宪政会任可澄等本来是反对革命的，但在清朝大势已去的情况下，摇身一变，附和革命；刘显世也派人持书到贵阳表示听从军政府的安排。因此，自治学社组织军政府，在如何对待任可澄、刘显世等人时，便出现了分歧。当时自治学社内部主要有三种意见：一种意见是不赞成吸收宪政会分子参加军政府，但也不开罪他们；对带兵来省镇压起义的刘显世，可令其返回兴义。第二种意见是从“化除党见”出发，主张团结任可澄、刘显世，吸收他们参加军政府，“尽弛敌意，共执政权”。第三种意见是坚决反对同宪政会妥协，主张“取断然手段，诛夷反侧”。黄泽霖是持第三种意见的。他尤其反对团结刘显世，认为刘显世在兴义“向极跋扈，不如因而除

---

① 《民国野史》第四编，转引自李时岳《辛亥革命时期贵州起义经过》，光明日报，1956年1月19日。

② 黄烈诚：《贵州起义首功黄泽霖被害略述》，载中国科学院历史研究所第三所编辑《云南贵州辛亥革命资料》，科学出版社，1959，第210页。

③ 黄烈诚：《贵州起义首功黄泽霖被害略述》，载中国科学院历史研究所第三所编辑《云南贵州辛亥革命资料》，科学出版社，1959，第210页。

之”[①]。但枢密院长张百麟并没有采纳黄泽霖等人的意见，反而将任可澄、刘显世吸收到枢密院，分别委以副院长和军事股主任的要职。这就使得“阳示犬依，而阴为狼顾”[②]的任可澄、刘显世对黄泽霖更加怀恨在心。

其二，贵州军政府成立时，曾约定在三个月以后改组。1912年1月29日，张百麟巡视上游返回贵阳。第二天，召集自治学社干部讨论改组军政府的问题。这时宪政会、耆老会勾结滇军，阴谋推翻军政府，夺取军政大权的野心，已经完全暴露出来了，因而在讨论会上意见再次出现分歧。当时，“多数干部认为宪政预备会，阴谋日益显露，不能再事优容，动摇根本”[③]。黄泽霖的态度尤为坚决，在争论中甚至怒吼。可是张百麟又置多数人的意见于不顾，主张继续保留任可澄、刘显世在军政府的职位。会后，黄泽霖对人说：“吾辈无死所矣，百麟真书生耳。”[④]宪政会、耆老会深知改组军政府势在必行，如果以后黄泽霖等人的意见占了上风，将会被自治学社赶下台。

宪政会、耆老会杀害黄泽霖的另一个原因，是由于黄泽霖掌握着贵州军政府的主要军事力量——五路巡防。这是他们妄图推翻军政府，进行夺权的最大障碍。

自治学社内部反对同宪政会、耆老会妥协的，可以说不乏其人。但却没有像黄泽霖那样，被宪政会、耆老会视为眼中钉，肉中刺，既恨之，又怕之，必欲置之死地而后快。这原因就在于黄泽霖不但一贯同他们针锋相对地进行斗争，还在于黄泽霖手中有五路巡防军。1911年11月，贵州军政府成立后，黄泽霖改任五路巡防总统，掌握了省内部分军事大权。在这以前，都督杨荩诚扩军，将新军由一个标扩充为四个标，其中刘显世的靖边营被改编为新军第四标。

---

① 黄济舟：《辛亥革命纪略》，载中国科学院历史研究所第三所编辑《云南贵州辛亥革命资料》，科学出版社，1959，第164页。

② 平刚：《贵州革命先烈事略·黄泽霖》，载《云南贵州辛亥革命资料》，贵州人民出版社，1937，第278页。

③ 胡刚、吴雪俦：《贵州辛亥革命史略》，《近代史资料》1956年第4期。

④ 胡刚、吴雪俦：《贵州辛亥革命史略》，《近代史资料》1956年第4期。

上述军队由自治学社控制的有新军第一、第二、第三标和第五路巡防，由宪政会控制的只有刘显世的第四标（实际是一个营），在军事力量上，自治学社是占有绝对优势的。为了扩充自己的军事力量，宪政会、耆老会曾先后采取过两个办法：一是由耆老会出面呈请军政府将起义前的城防营改为保安营，并任命胡锦棠为保安营统领。保安营就其性质来看，属于巡防军的范围，但是为了不让黄泽霖控制这支兵力，刘显世以枢密院军事股主任的名义建议军政府说："保安营者，从民意所组织，饷由自筹，责可分任。军府但宜补助而监督之，接收非便。"[①]结果使得保安营成了独立于军政府之外，由宪政会、耆老会驱使的私人武装。二是由他们在参谋部的同党提议，由刘显世的三弟刘显潜署安义镇，由唐尔锟为提督，在省城以外扩张势力，同军政府对抗。但这个办法遭到了兴义和安顺绅民的抵制，没有成为事实。

宪政会、耆老会在扩充自己的军事力量的同时，他们又想方设法削弱自治党人的军事力量。1911 年 11 月下旬，他们以调解军政府内部矛盾为名，"提议张（百麟）出巡上游，杨（荩诚）率军北伐，黄（泽霖）出驻四川，赵（德全）留守省城"[②]。黄泽霖不知是计，当即请缨自往，随即派出新军第一标为先头部队奔向四川。可是自治党人很快察觉出这是一个阴谋，"知此议不啻调虎离山"，当即以省城空虚为理由，"不予赞同"。但终因张百麟、杨荩诚矛盾紧张，于 12 月中旬派杨荩诚率第二、第三标出省援鄂，张百麟出巡上游。这时，自治学社在省城的军事力量就只有黄泽霖的一部分巡防营了，此后，宪政会、耆老会便将黄泽霖当作主要的打击对象。

1912 年 1 月初，南北议和暂时中断，孙中山准备率军北伐，各省纷纷通电支持。宪政会、耆老会又抓住这个机会，企图将黄泽霖和巡防营挤出贵州。他们利用报刊广造舆论，说"北伐之事，事关重大"，"非厚其兵力，难壮声

---

① 周素园：《贵州民党痛史》，载中国人民政治协商会议贵州省委员会文史资料研究委员会编《贵州文史资料选辑》（第四辑），贵州人民出版社，1980，第 64 页。

② 黄济舟：《辛亥贵州革命纪略》，载中国科学院历史研究所第三所编辑《云南贵州辛亥革命资料》，科学出版社，1959，第 166 页。

威”，而能任此事者只有黄泽霖，只要黄泽霖亲自出马，“其事则无不成功”[1]。然而，这次黄泽霖没有上当，仍然镇守贵阳。宪政会、耆老会的诡计没有得逞，便加紧进行谋害黄泽霖的活动。

从上面我们可以看出，黄泽霖同宪政会、耆老会的斗争，完全是一种政治斗争，是自治学社同宪政会、耆老会斗争的一个组成部分，这个斗争的核心是争夺对军政府的领导权。在这个斗争中，黄泽霖不但一贯反对宪政会、耆老会，并且是他们实现夺权阴谋的最大障碍。宪政会、耆老会之所以发动“二·二事变”杀害黄泽霖，主要原因就在于此。

那么，宪政会、耆老会又是怎样杀害黄泽霖的呢？

制造混乱，利用矛盾，分化瓦解，这就是宪政会、耆老会杀害黄泽霖所使用的卑鄙手法。

事实表明，宪政会、耆老会在施行上述手法时，首先是从“公口”打开缺口的。

“公口”即哥老会，是清末下层社会的秘密组织。自治学社在进行起义的过程中和其他的革命党人一样，曾经同它有过联系，企图利用它作为起义的预备力量。但是这个组织又有其落后的一面，“他们很能勇敢奋斗，但有破坏性”[2]，并且容易为反动势力所利用。宪政会、耆老会在进行推翻军政府、夺取军政大权的活动中，正是利用了哥老会的这一特点。

“一一·四起义”后，各地哥老会分子纷纷公开进行活动，有的涌入贵阳。黄泽霖本来和哥老会没有什么联系，起义前他做的是联络新军的工作，军政府成立时被推为司法部部长。哥老会进入贵阳时，张百麟为了使这部分人不危害社会，同时又可加强自己的力量，同意把这些哥老会分子陆续收编为五路巡防营，并且由黄泽霖任巡防总统。黄泽霖还因此加入了哥老会。

宪政会、耆老会一向视哥老会为“贼”“匪”，可是当他们发现哥老会可以充当他们制造混乱、瓦解黄泽霖的巡防营的工具时，便一反常态，声嘶力

① 《贵州公报》751号，民国元年一月二日。

② 毛泽东：《毛泽东选集》(四卷合订本)，人民出版社，1969，第9页。

竭地鼓吹“公口”有益于社会，并登台演说，谓“今日之贵州，非公口不足以立国，贵州之政府及社会，非公口不足以辅助而保全”①。在他们的煽动下，“不两日，省内外公口如春笋发生”。由刘显世、胡锦棠操纵的“大汉公”，至迟在1911年11月10日前，即军政府组成不到一个星期便正式成立了。②它如由宪政会、耆老会分子控制的“斌汉公”“黔汉公”也是在这前后出笼的。宪政会、耆老会的阴谋诡计收到了效果，五路巡防营军心开始动摇，社会秩序出现混乱。当时“黄茀清拟厉行裁制，不听者杀之。时政府人数，两党相当，宪党中人谓不宜操之过急，激生他变……黄裁制之说遂不得行。为维系军心计，徇部下请，亦开光汉公自充龙头”③。但是这个办法并没有制止混乱，反而使得“公口”越来越多。为了进一步给黄泽霖施加压力，宪政会、耆老会还将遵义著名匪首，哥老会头子罗魁召来贵阳，并在报上称之为“民族英雄”，要军政府破格录用，这就使得人心更加惶惶不安。

黄泽霖为了维护军心，维持社会秩序，决定采取措施，严厉禁止不法“公口”。12月15日，他在四川会馆“盛设彩觞”，果断机智地将罗魁“当筵枪毙”。与此同时，对其部众严加约束和管理，规定：“扰民者刑于市，违抗长官命令者杀无赦。教练以时，毋擅出，毋持械游于街衢。”④10月20日，谭德骥东路目兵张炳和等违犯军纪，借端磕索，捆殴事主何无彪。黄泽霖闻讯，立即下令拿获张炳和等六人“分别惩办”，其中王占彪逃逸，被获后，“随即绑赴市曹正法”。1912年1月，谭德骥士兵再次发生不法事，黄泽霖又杀数人，以为效尤者戒，社会秩序逐渐稳定下来。

---

① 周素园：《贵州血泪通告书》，载中国科学院历史研究所第三所编辑《云南贵州辛亥革命资料》，科学出版社，1959，第214页。

② 《贵州公报》760号，民国元年一月十一日。《大汉公启事》说：“开办以来业盛十月有余”。据此，“大汉公”之成立当在1911年11月10日前。

③ 黄济舟：《辛亥贵州革命纪略》，载中国科学院历史研究所第三所编辑《云南贵州辛亥革命资料》，科学出版社，1959，第165页。

④ 周素园：《贵州民党痛史》，载中国人民政治协商会议贵州省委员会文史资料研究委员会编《贵州文史资料选辑》（第四辑），贵州人民出版社，1980，第69页。

黄泽霖不准“公口”有不法活动，对他们进行严厉裁制，是对宪政会、耆老会鬼蜮伎俩的有力回击，是深得广大群众的拥护和支持的，但却因此而导致他与其部众以及哥老会的矛盾加深。罗魁被诛后，其党徒“闻其死，多为之复仇”。谭德骥原是旧巡防营的哨官，既非自治学社社员，又不曾为革命出力，所部纪律最坏。黄泽霖杀死其部众后，他“惮泽霖方严，亦震栗不自安”[①]。纵横捭阖的郭重光、刘显世“日夕洞察，具得其罅隙”，决定从这支队伍中打开缺口，不久便用重金收买了谭德骥部唐灿章，布置部卒伺机对黄泽霖下毒手。

宪政会、耆老会为了孤立黄泽霖，继而杀害黄泽霖，除用“公口”制造混乱外，还卑鄙地挑拨赵德全和黄泽霖的关系。

赵德全，湖北汉阳人，起义前是新军的一个下级军官（队官，相当于连级）。军政府成立时，因联络、支持新军有功，被推为副都督。他为人老成，但缺乏政治斗争经验。宪政会、耆老会正是利用了他的这个弱点进行离间活动的。

贵州起义的顺利成功，使自治学社领导人在作风上出现了一些缺点，军政府在百忙中成立，也不可避免地出现不恰当、不协调的安排，其中有些是可以在实践中逐步解决的。但宪政会、耆老会以为有机可乘，就进行恶意的挑拨。他们“初谓军政府与枢密院军民分治，枢密院之权力渐高，引起张、杨之裂痕。继谓巡防部不隶属于军政府，军政府之权威渐缩，引起杨、黄之争端。更唆使杨、赵不和，黄、赵交恶”[②]。12月，杨荩诚、张百麟离开省城，赵德全代理都督。为了与黄泽霖对抗，保住都督位置，赵德全在宪政会、耆老会同自治学社的斗争中取“中立主义”。郭重光乘机进行拉拢说：“自、宪两党之不相能，君所知也。君与自党相须为用，宪党亦知也。君之地位，固

---

① 周素园：《贵州民党痛史》，载中国人民政治协商会议贵州省委员会文史资料研究委员会编《贵州文史资料选辑》（第四辑），贵州人民出版社，1980，第69页。

② 黄济舟：《辛亥贵州革命纪略》，载中国科学院历史研究所第三所编辑《云南贵州辛亥革命资料》，科学出版社，1959，第164页。

由自党之力，而自党之得手实由君之力。今自党在位，君事事仰其鼻息，岂得谓平？宪党不甘受其卵翼，若去张、黄，宪党愿戴君统治全黔。”[①]。于是赵德全逐渐倒向宪政会、耆老会一边。“二·二事变”中，黄泽霖惨遭杀害，赵德全却出布告说：“黄统被戕，个人交涉，凡尔人民，不必惶骇。此种情形，揆之于理，似太不合；征之于事，实有所固。”[②]这等于公开为宪政会、耆老会的杀人罪行作辩护。黄泽霖与赵德全的矛盾，使黄泽霖完全陷于孤立，致使宪政会、耆老会敢于肆无忌惮地发动“二·二事变”，杀害黄泽霖。

黄泽霖不是一个没有缺点的革命家，但他同宪政会、耆老会的斗争是应该肯定的。黄泽霖是因为反对宪政会、耆老会篡夺军政府大权而惨遭杀害的。宪政会、耆老会发动的“二·二事变”，是辛亥革命时期立宪派、旧官僚夺取革命果实这一活动在贵州的血腥表演，把它说成是少数人争权夺利的斗争显然是不全面的。

黄泽霖之死也反映了自治党人的严重弱点。他们自己内部不团结，同宪政会、耆老会在思想上也缺乏明确的界限，更没有制订出使自己立于不败之地的政策和策略。因而，使得自己同宪政会、耆老会的斗争完全处于被动的地位。况且，黄泽霖直到临死前还没有找到斗争的正确方针和方法。事变前夕，有人提醒他加强戒备，他还“意气自若”地说：“刘如同一乡团首，敢尔耶？”可见，黄泽霖之死也仅仅是一个悲剧。

① 黄济舟：《辛亥贵州革命纪略》，载中国科学院历史研究所第三所编辑《云南贵州辛亥革命资料》，科学出版社，1959，第167页。

② 黄济舟：《辛亥贵州革命纪略》，载中国科学院历史研究所第三所编辑《云南贵州辛亥革命资料》，科学出版社，1959，第167页。

鸦片战争后的鸦片侵略

中国近代史是帝国主义侵略中国的历史，也是中国人民反抗帝国主义侵略的历史。近百年中，帝国主义从政治、经济、军事和文化上对中国进行了肆无忌惮的侵略，严重阻碍了中国的进步发展。在帝国主义对中国的各种侵略中，有一种特殊的侵略，这就是鸦片侵略。

19 世纪 40 年代，英国为维护鸦片贸易对中国发动了鸦片战争，由此而使中国沦为半殖民地半封建的国家。鸦片战争后，以英国为首的资本主义——帝国主义是如何对中国进行鸦片侵略的？它给中国带来了什么灾难？了解一下鸦片侵略的罪恶史，对人们认识帝国主义的侵略本质，培养爱国主义思想是有好处的。

一、战后鸦片继续走私

英国发动鸦片战争的目的之一就是维护其鸦片贸易，可是在《南京条约》及其附约中并没有关于鸦片的任何规定。是英国不关心鸦片贸易吗？当然不是。那么英国为什么没有在《条约》中强调清政府开放烟禁呢？这主要是当时中国还处于禁烟高潮中，英国担心强迫中国开放烟禁将会使中国人民更清楚地认识到鸦片烟祸完全是英国强加给中国的，由此必然会激起中国人民更加强烈的反英情绪，其结果不仅不利于鸦片贸易的进行，也不利于英国对华一般贸易的发展。此外，英国政府也考虑到英国国民和国际舆论对鸦片贸易的谴责，不敢明目张胆地在国际政治条约中强迫中国开放烟禁，但是高额利润又驱使英国不肯放弃这项肮脏的贸易，因而英国在同清政府商谈签订条约的过程中，便采取了以征收进口税增加财政收入为诱饵，“尽力诱致”清政府上钩，使之自动开放烟禁，实现英国鸦片贸易合法化的策略。

清政府对英国的引诱并没有上钩。这是因为当时清政府已经公布了全面禁烟的法令，如果由于战败而取消这项法令，使英国对华鸦片贸易合法，那将会使“天朝”威信丧失殆尽，这对稳定它的统治是极其不利的。因此参加《条约》谈判的清政府全权代表耆英婉言拒绝了英国提出的征收鸦片进口税的建议；但耆英又没有明确宣布中国将继续禁止英国对华的鸦片贸易，于是鸦片战争结束后，英国仍然用走私的方式将大量鸦片偷运到中国销售。

从 1842 年第一次鸦片战争结束到 1856 年第二次鸦片战争爆发前，以英国为首的西方资本主义国家走私运入中国的鸦片与日俱增。据统计，1843 年英国输华鸦片为 30000 箱，1846 年为 38000 箱，1849 年增为 47500 箱，1852 年再增为 56400 箱，1855 年则猛增为 63400 箱。中国因购买鸦片每年约需银二三千万元。这一时期为数众多的鸦片绝大部分是从香港偷运进来的。香港是英国“首屈一指的鸦片贮藏所”“大本营”。鸦片运至香港后，英国鸦片贩子无视中国法令，再用双桅专用船运往沿海各口。上海是仅次于香港的鸦片走私口岸，英美各国在上海都设有专营鸦片的洋行。停泊在吴淞口外贮藏鸦片的水上仓库——趸船，经常保持十几乃至二十几只，“从趸船售出的鸦片，由中国买主以快船运送，溯黄浦江直抵上海”[①]。“一切载有鸦片的小船都在光天化日之下毫无顾忌地往来于海关的船边。”此外，在广州、宁波、厦门、福州等口岸的海面上，都有鸦片趸船明目张胆地销售鸦片。

二、英国终于叩开了鸦片在华贸易合法化的大门

鸦片战后的鸦片走私给英国、英印政府和鸦片贩子带来了巨大的利润，

---

① 莱特：《中国关税沿革史》，姚曾廙译，商务印书馆，1963，第 55 页。

但是他们并不满足于鸦片长期处于走私状态，他们迫切要求将这项毒品贸易置于合法地位，以便能安全稳固地发展下去。进入19世纪50年代后，英国终于达到了鸦片贸易合法化的目的。

1851年1月，在中国爆发了太平天国起义，起义以疾风暴雨之势迅猛发展。1853年3月，太平军胜利占领长江重镇南京。其时，清政府国库空虚，财政极度困难。为了筹集镇压起义的军饷，1853年秋于扬州创设厘金，以后很快在全国推行。1853年9月，上海人民响应太平军，发动小刀会起义，占领上海县城。外国鸦片贩子为保证贮藏在趸船上的鸦片的安全，纷纷将存货转移至上海租界内。上海道以鸦片为违禁品命令海关予以没收，英、美、法三国领事立即出面干预，强迫税务司李泰国不得执行此项命令。结果上海道妥协，退还查收的鸦片，但购买鸦片的中国商人同意每箱缴纳税金24元（开始是20元）。不久福州、宁波等口岸也仿照上海对鸦片征税。用纳税的方法换取鸦片合法化是英国从第一次鸦片战争以来的一贯主张，只是清政府以“有失国体”没有同意。太平天国和小刀会起义后，英国决定利用清政府财政困难这一时机，再次向清政府提出鸦片合法化的要求。

1854年，《南京条约》签约后12年，英国曲解《条约》，联合美、法等国向清政府提出修改《条约》的要求，而鸦片合法化便是修约要求的重要内容之一。清政府对各国的修约要求表示只能对个别条款作修订，拒绝全面修改《条约》，认为对鸦片合法运入中国一节“尤为反复可恶”。英、法等国遭到拒绝后，决定利用清政府在农民起义的打击下岌岌可危的处境，发动新的对华战争。1856年，由英、法两国组成的联军向广州进攻，发动了可耻的侵华战争——第二次鸦片战争。1858年，清政府的军队在天津大沽战败，被迫同英、法等国分别签订了《天津条约》。同年11月，中英两国又在上海签订《通商章程善后条约》，满足了英国修约的全部侵略要求。

关于鸦片问题，由于它是一种害人的毒品，不便在《条约》中直呼其名，在签订《条约》时，双方便以早年中国有鸦片照药材上税进口的规定，便诨鸦片之名为“洋药”，定为合法商品。在《通商章程善后条约》中规定：“向来洋药……例皆不准通商，现定稍宽其禁，听商遵行纳税贸易，洋药准其进口，议定每百斤 30 两。唯该商品只准在口销卖，一经离口即属中国货物，只准华商运入内地，外国人不得护送……其应如何征税，听凭中国办理。”至此，英国终于通过武力，迫使清政府同意以时价 7% ～ 8% 的低进口税率，为毒品鸦片叩开了在中国合法销售的大门，此后中国烟祸更加炽烈。

但是，贪欲无止境的侵略者为扩大鸦片在中国的销售，在《条约》签订不久又节外生枝，向清政府提出限制内地税的要求，清政府没有同意。1874 年，云南发生英使馆人员马嘉理被杀事件，英国乘机再次提出限制内地税的问题。对此，双方经过多次协商都没有取得一致的意见。直到 1885 年，中英在伦敦才签订了《烟台条约续增专条》，规定鸦片进入中国，在海关一次交纳进口税 30 两，内地税 80 两，共 110 两，发给税单，即可行销全国，不再征收任何税厘。通过这个《专条》，清政府增加了中央政府的财政收入，英国则有效地限制住内税厘的征收数额，同时又保证了每百斤鸦片只交 30 两低进口税的特权，归根结底，《续增专条》是有利于英国在中国销售鸦片和榨取中国人民的膏脂的。

三、鸦片给中国带来巨大的祸害

鸦片贸易给英国、英印政府和英国鸦片贩子带来巨大的利益，对中国则是罪恶的渊薮，祸害的源头。

鸦片给中国带来的第一大害是：腐蚀摧残中国人的身心健康。据《鸦片事略》的作者清人李圭的测算，在 19 世纪 80 年代，全国吸食鸦片的有 330 多万人，不过这 330 万人是已经吸食成瘾的。如果再加上未成瘾的，受鸦片毒害的有 1000 万人是可信的。鸦片具有强烈的麻醉作用，吸食成瘾，便形容枯萎，意志消沉，以致丧失劳动能力，成为社会的寄生者。成千上万的人吸食鸦片，就意味着成千上万的劳动力的丧失。西方殖民者诬称中国人是“东亚病夫”，应该说这同英国鸦片对中国人的毒害是分不开的。

鸦片给中国带来的第二大害是：大量鸦片的输入换去了中国数以亿计的有用的资金，严重影响中国社会的进步和发展。从1840年—1860年的20年中，以英国为首的西方资本主义国家向中国输出的鸦片，还缺乏一个十分准确的数字。但从已有的统计资料看，1840年—1860年英国输入中国的鸦片为949208箱，每箱以1.1担计，约合1030400担；1861年—1895年输华鸦片为2582088担；[①]1896—1911年输华鸦片为900000担。[②]三个时期外国鸦片贩子共向中国输入鸦片计4500000多担，平均每年6万多担。鸦片大量输入，刮走了中国大量的宝贵资金。据估计，19世纪40年代，中国每年要用2000多万银元去购买毒品鸦片；19世纪60年代以后，随着鸦片进口量的猛增，中国用于购买鸦片的金额也日益增多；19世纪70年代以后，平均每年不下三四千万银元。当时鸦片每担价格为400—600银元，如果以每担鸦片最低价400银元计，则1840—1911年的450万担鸦片共刮走了中国18亿银元！19世纪70年代，中国新式工矿企业开始出现。从1872年到1911年，由于资金短缺，全国商办、官商合办的工矿企业总投资仅为12300万银元，[③]不及购买鸦片的18亿银元的1/10。资本帝国主义利用鸦片侵略中国，阻碍了中国的进步和发展，于此可见一斑。

鸦片给中国带来的第三大害是：洋烟开禁，大量进口，带动国内土烟生产，使烟毒遍及全国。鸦片战争前，国内已有部分省区种植罂粟，但数量不多，并且为法律所禁止。鸦片战争后，清政府允许外商自由贩运鸦片，当然也就无法禁止本国人民种植生产。19世纪80年代，国内从西北到西南，从内地到边疆都纷纷种植罂粟，其中仅云南、四川、贵州就年产鸦片达26万担。[④]1906年，全国20个省区鸦片产量已达58万担。[⑤]罂粟种植面积扩大，

① 李康华、夏秀瑞、顾若增主编《中国对外贸易史简论》，对外贸易出版社，1981，第487页。

② 严中平、徐义生等：《中国近代经济史统计资料选辑》（三），科学出版社，1955。

③ 严中平、徐义生等：《中国近代经济史统计资料选辑》（四），科学出版社，1955。

④ 李文治主编《中国近代农业史资料》（第1辑），三联书店，1957，第451页。

⑤ 李文治主编《中国近代农业史资料》（第1辑），三联书店，1957，第457页。

必然占用大量农田，影响粮食和其他作物的生产。据调查，鸦片每亩产量50两上下，如按50两计算，则58万担需占耕地1870余万亩．多一亩种罂粟之田，即减少一亩稻麦之产。山西“自境内广种罂粟以来，民间积蓄渐耗，几无半岁之种，猝遇凶荒，遂至无可措手”①。可见，罂粟种植面积的扩大已经影响到国计民生。

鸦片给中国带来的第四大害是：从财政上支持了清政府，使之为镇压人民革命、维护反动统治增加了一些财力。鸦片战争后，毒品鸦片除了起着掠夺中国、腐蚀中国社会的作用外，清政府还通过征收鸦片税厘，开辟了新的财源。太平天国起义时，清政府财政已经陷入绝境。以后由于它创设了厘金，征收鸦片税，才使它在镇压农民起义军饷的筹集上得到一点缓解。19世纪60年代，清政府光是由海关征收鸦片进口税，每年就可达200万两白银，再加上内地厘税，数目就更可观了。1885年后，鸦片内地税增为每百斤80两，由海关统一征收，清政府鸦片税骤增为白银八九百万两，最高时可达千万两。从这里可以看出，鸦片不仅肥了外国侵略者，而且还支持了中国封建统治者，受害的是整个中华民族。

中国人民对鸦片一直是深恶痛绝的，因而积极参加反对英国鸦片侵略的斗争。19世纪80年代以后，一部分忧国忧民的爱国人士同国际禁烟组织互相配合，大声疾呼，要求禁绝鸦片。20世纪初，清政府为顺应民情，表示从1906年起用10年时间灭绝烟毒，但没有收到多少效果。辛亥革命后，清政府被推翻，代之而起的是黑暗的军阀统治。各派军阀为扩大势力、争夺地盘，也将鸦片作为它们的经济支柱，中国社会、中国人民依然受着鸦片的腐蚀和毒害。由英国强加给中国的近百年的鸦片烟害，直到1949年中华人民共和国成立才被彻底清除。

---

① 李文治主编《中国近代农业史资料》(第1辑)，生活·读书·新知三联书店，1957，第462页。

中国古代的选官制度

中国从古代起，历代统治者为保证国家机器的正常运转，增强各级统治机构的效能，都十分重视职官的选拔。经过两千多年的实践，到明清时期我国已经形成一整套封建的人事制度。

殷周时期，官员的任职采用世卿制。以周朝为例，周天子或诸侯国国君所用的卿、大夫，要么是王室或国君的本家或亲贵，要么是为王室或国君立过大功的功臣。这些人一旦被任命为卿大夫便世代相袭。天子或国君给他们的酬劳是封地和采邑。用人唯亲的世卿制，到春秋后期和战国时期，随着社会经济的变革逐渐为官僚制所代替。官僚制的特征是国家的文武官员都是由国君从耕、战中的有功人员中任命，以印玺为凭。官员取得的酬劳是俸禄。官僚制度打破了少数皇亲国戚垄断国家政权的格局，为新兴的地主阶级开辟了入仕的途径。

官僚制从秦朝起在全国全面推行，不过官员的选拔则从汉朝起才大致有章可循。汉朝选官的方针是不拘出身，不讲资历，以能忠于朝廷、有德行、有才干，能为国家出力为要。樊哙是屠狗的，曹参是县吏，周勃是织席的，后来都成为汉朝的武将名臣。汉朝常用的选官方法师查举和征辟。察举也称荐举，是指中央和地方官员将自己访察了解到的德行高尚、才学出众的平民或低级官员推荐给朝廷，经考核试用或授以官职，或提拔重用。察举的科目有贤良方正、贤良文学、孝廉、直言极谏等。征辟类似于现在的聘请，它包括皇帝聘请有才有德的人到朝廷做官，官员自己聘请有专长的人到官府任职协助工作。

此外，还有任子制度和资选两途。任子制度是指高级官员在任职期间可以向政府推荐本人子弟一人为郎。这是高级官员享受的一种政治特权，其子弟凭借这种政治特权，不管有无才能，均可入仕为官。资选就是用钱买官。汉朝政府规定，财产达到一定数量的富有者可以出资给政府，由政府量才选用，授予官职。这两种制度就是政治腐败的表现，它们不能保证人才的品德和才能是不言而喻的。另外，汉武帝以后，受业于博士的博学弟子，肄业后也可在各郡县任低级官员。

魏晋南北朝时期，选拔官员开始采用九品官人法，也称九品中正法。这套制度是曹魏开始推行的。方法是，在各州县置中正官，其职掌是评品本地士人，把士人分为上上、上中、上下、中上、中中、中下、下上、下中、下下九个等级，以后按品级的高下向政府推荐官员。九品官人法在开始推行时，还把国家规定的标准作为依据，到后来由于豪门贵族与中正官勾结，把持评品工作，使得九品官人法的选官制度完全走上重出身门第，重资历的绝路。形成“据上品者，非公侯之子，则当涂之昆弟”和“上品无寒门，下品无世族”的状况。很多有才干但非豪门世族出身的士人被剥夺了入仕的机会。

从隋唐起，科举制度逐渐成为主要的选官制度，一直到明清。科是指科目，举是指选举，科举就是通过不同科目的考试来选拔人才。

在唐朝，除了罪犯和州县胥役以及工商业者的子弟外，不论什么阶级的人，只要具备一定的文化水平都有均等的机会参加科举考试，并且只有考试合格才有入仕为官的可能。唐代科举的科目很多，例如，进士科主要考事务策，明经科主要考经书，明法科主要考律令，明算科主要考算学，诸史科主要考历史。在所有科目中，考进士科的人最多，要求也比较严格。到宋以后，它成为科举考试的唯一科目。

唐代的科举考试每年十月在京师举行，由尚书省的礼部主持，称省考。省考被录取的只能算有了出身，还不能得官，要入仕得官还必须参加吏部的考试，称选考。选考包括四个方面，即身、言、书、判。身和言的要求是

“体貌丰伟”“言词辩正”[①]，用面试判断；书和判的要求是“楷法遒美”“文理优长”[②]，用笔试来判断。吏部选试合格的，方可被授予官职。授官一般是从下级官员开始。

吏部选试落选的，如果有在职官员的保荐，也可得到官职，但人们通常都以参加考试被录取为官为荣。省试落第的，可以继续学习，经高级官员的推荐，参加下一年度的考试。

唐代的科举制度将读书同做官紧密联系在一起，这为更多的中小地主阶级知识分子开辟了广阔的仕途。它比起注重出身门第的九品官人法的选官制度，无疑是前进了一大步。

明清时期，选官制度既表现出对历代选官制度的继承并使之不断成熟的一面，又表现出日趋僵化和没落的一面。清代选拔官员的途径有学校、科举、荫叙、举荐、捐纳等，其中科举是最主要的途径。

1. 科举

清代的科举考试分为乡试、会试和殿试。乡试在各省省城举行，三年一次（逢子午、卯、酉年），由皇帝派考官主持。参加乡试的是本身生员，或国子监的贡监生。乡试考三场，被录取的称举人。会试在北京举行，也是三年一次（逢丑、未、辰、戌），由礼部组织，皇帝派考官主考。参加会试的是各省举人。会试也考三场，被录取的称为贡士。会试以后是殿试。殿试由皇帝亲自主考，只考一场，被录取的称为进士（前三名依次称为状元、榜眼、探花），最后再经一次朝考，即可分别授官。进士的前三名授翰林院官，其余则授予部院主事、内阁中书和知县等官职。另外，清政府还从朝考中选择最优秀的进士，送到庶常馆继续深造三年，期满则可取得翰林资格。庶吉士散馆

① 吴刚：《知识演化与社会控制——中国教育知识史的比较社会学分析》，教育科学出版社，2002 年，第 215 页。

② 吴刚：《知识演化与社会控制——中国教育知识史的比较社会学分析》，教育科学出版社，2002 年，第 215 页。

(毕业)虽然也是授予主事、知县等官职，但享有遇缺即补的优先权，并且以后提升也比较快。清代任职内阁大学士的，一般必须是翰林出身（也有个别例外，且满人不限）。至于会试落第的举人，以后还可以继续参加考试，如果连考三居都落选，可以参加政府每六年举行一次的举人“大挑”，合格的可授知县或州县教职。

清代的进士、举人、贡监生都属于正途，但入仕的待遇并不完全相同。最优越的是翰林、进士，其次是举人，再次是贡监生。

清代除了采用常规的科举选官外，还不定期举行“特科”，比如博学鸿词科、孝廉方正科、经济特科等，合格的也授予不同的官职。

2. 荫叙

荫叙是两汉任子制度的发展。清代的荫叙有恩荫、难荫等，凡满汉文武官员，京官四品以上，外官三品以上，武官二品以上都可推子弟一人入仕为官，称恩荫（被荫的称荫生）。凡文武官员为国捐躯的，不论品级高低，也可荫其一子为官，称难荫。荫生不满二十岁的，可入国子监学习，满二十岁须经考试合格，方可授予官职。

3. 荐举

清代荐举是汉代征辟的发展。为了笼络人才，清政府从清初起就不断下令要求各地方官广泛搜求人才，量才授官。清代前期通过荐举选官的大多数任文职，后期则多任武官。

4. 捐纳

汉代选官以后，历代都仿效施行。明清称为秭资选为捐纳，并且列为仕途之一。清朝建立后为筹措款项，如军饷、河工、赈灾等，不断出卖官职，到清代后期已经成为一种弊政。清代的捐纳——有捐虚衔也有捐实衔，捐实衔官从州县佐式杂职起，最高可捐到郎中、道员。各种官职价格不一，总的趋势是下降。如乾隆时期捐知县需四千多两白银，道光时期则降为两千多两，光绪时期再降为七八百两。清代将各种仕途分为两大类，即正途和异途。捐纳属于异途，不授正印官，不准考选科道官（监察官员）。清代的捐纳是清政府吏制败坏的重要原因之一。

清代官员的任用

隋唐以前，各朝均无专掌任免官员的人事机构，但是官员的选用并不完全集中在皇帝手中。在汉代，地方州郡官就有权选用官员。隋唐时行三省制，三省中的尚书省，设有吏部、兵部，其职责是专司内外文武官员的选授、勋封、考课等事情。宋代行中央集权制，吏部有其名而无其实，官员的任用由皇帝直接控制的审官院办理。明清两朝沿用唐制，但较唐制更为详细严密。

清代在任用官员时实行以下几项制度。

1. 满汉分缺制

就是将全国从中央到地方的所有官缺分为满洲缺、蒙古缺、汉军缺、汉缺。何种官职出缺，由何种人来补，如满洲缺有空便由满人补，蒙古缺有空便由蒙古人来补。汉军（是清朝取得全国统治权以前居住在辽东的汉人，这些汉人也是按照八旗组织起来的，称为汉军八旗，简称汉军）缺空便由汉军补，汉缺出空便由汉人补。这四种缺原则上不准相互占用，但满人、汉军却可以占用汉缺。清朝统治者将全国官缺作为制度固定化，任何人、任何机构都不准随意增减，从而使全国人口中处于少数的满人在各级政权中保有稳定的比例。

2. 分班授官制

就是将官员职务的变动，按照不同的情况又分为六班（六类）。

◆除班：指进士、举人、贡生、监生等经过试用后，授予正式官职。

◆补班：指因为某种原因，如丁忧守制、回避、患疾离职又重新复职的。

◆转班：清代有些中央机关，同一官职设置左、右缺，如六部侍郎（相当于副部长)有左侍郎、右侍郎。左右侍郎在品级上是相同的，但在排名次时，左在右之上，如由右侍郎转为左侍郎便是转班。

◆改班：指不同衙门之间不同职务的调动，如京官改任外官，文官改任武官，等等。改任一般不变动等级，而且，并非等级相同都可以改，一种官可以改任另一种官是有明确规定的。

◆升班：指官职、品级的提升，如侍郎升任尚书，尚书升任大学士等。

◆调班：指不同衙门之间的品级相同而官职不同的调动，如掌管财赋的户部尚书调任为掌管人事的吏部尚书。

任何一种官职的任用都必须按照具体的情况，分别列入上述六班，归班铨选，再由人事部门根据投文时间的先后和年资授予职任。

3. 回避制

中国封建社会是以血缘关系为纽带结合而成的宗法社会。历代统治者为了防止各级国家机构的官员利用宗族关系，上下勾结、互相包庇等不利于其统治的事情发生，特别制定了一套官员任职的回避制度。

清代的回避制度包括血缘回避、籍贯回避和职业回避。血缘回避或称宗亲回避，包括的范围很广，其中主要有祖、父、叔伯、堂兄弟、姑父、姑表兄弟，外祖父、舅父、姨夫、舅表兄弟、姨表兄弟、岳父、妻兄弟、儿女姻亲等的回避。凡有上述血缘关系的均不准在同一衙门、同一地区任职。在任官时如遇上述情况，属祖父、父子的，令子孙回避；官品相等的，令后者回避；不同官品的，令官小者回避。籍贯回避是指总督巡抚以下至州县佐杂官均须回避本省，不准在本省为官。但州县学官只回避本府。职业回避是指从事某种职业的人不准担任某种官职，以防止利用政治上的权力谋取个人利益，如现充盐商的，不准在户部任职，因为户部的职司之一是管理国家的盐务。

清代在执行回避制度时极为严格，官员有应回避而隐匿不报的，降一级调用，捏称回避逃避劣缺，挑选优缺的革职。在宗法制的封建社会，实行回避是完全必要的。

4. 分权制

所谓“分权制”就是将全国所有的官缺按照品级的高低和职务的重要与否，分别由皇帝、各部院、地方总督、巡抚和吏部选择任用。

中央政府的大学士。各部尚书、侍郎、督御史，地方总督、巡抚、学政、布政使（掌一省财政）、按察使（掌一省刑狱)等高级官员，均由皇帝亲自选用。这些官员或是由吏部开列名单再由皇帝圈定，或是由皇帝自己提名直接任用。

中央各部院正六品以上的司官的选用权分别由本部或专管人事的吏所掌握。约略言之，全部司官中，由各部自行选用的占三分之一，而由吏部归班铨选的占三分之二。七品小京官则由吏部铨选。

地方道员和知府的选用权是由皇帝、总督、巡抚和吏部分别掌管。光绪后期全国共有道员九十三缺，由军机处开单再由皇帝圈定的六十九缺，由总督、巡抚选用的十六缺，由吏部归班铨选的八缺。全国共有知府一百八十缺，由皇帝圈定有一百缺，总督、巡抚选用的有二十七缺，由吏部归班铨选的有六十一缺。“省外道府丞倅州县各官，以‘冲繁疲难’四字，别其间要。兼四字者为最要缺，三字为要缺，二字为中缺，一字及无字为简缺。”由皇帝和总督、巡抚掌握的道府缺多属最要缺、要缺，吏部铨选的多属于中缺和简缺。

知州、知县官的选用权主要操于吏部，但列为要缺的则由总督或巡抚选用。州县的辅佐官亦同。

清代的吏部、兵部，本是专管文武官员的铨选、考职、奖惩等事务的人事部门，但由于人事权的分割，吏部、兵部的选官权被限制在下级官员范围内，因此吏部、兵部实际上成了办理官员任免手续的事务机构。

中国古代官员的考绩和奖惩制度

中国历代王朝都十分重视对各级官吏的考绩（考课）和奖惩，并制定了一套比较完整的制度。目的是了解官吏的政绩，奖优罚劣，保持吏治清明，提高工作效率。

秦汉两代对官员的考课大体相同，都称为上计。上计在每年年底进行，其程序是中央政府考郡国长官，郡国长官考自己的属官。考课有一年一次的小考和三年一次的大考。郡国长官在应考时要将施政情况详细书明于计簿，派人送中央政府（即上计）。第二年正月，皇帝授权丞相和御史大夫共同对计簿进行审核，作出评价。优者或升官或授爵或赏赐，劣者或降职或撤爵或革职。至于各郡国长官考其属官时，则先定出标准，按标准定出等第，作为以后使用提拔的依据。秦汉的考绩大致如此。

唐代的考课比秦汉又进一步具体化，考课工作统一由尚书省的吏部考功司主持。每年一小考，四年一大考。唐政府对各级官员的考课既定有共同的要求，又有对不同工作的特殊要求。“善”是指品德方面的要求，“最”是指业务方面的要求。考课是公开进行的，应考的各级官员均须写出自我鉴定（称“考状”），由本衙门长官当众宣读，共同议论优劣。之后根据四善、二十七最的要求，将应考官员分为九等，即上上、上中、上下、中上、中中、中下、下上、下中、下下，送尚书省吏部存档。四年一次的大考，以小考为依据，决定赏罚升降。

宋元时期，考绩制度没有什么新的发展，直到明清时，考绩制度才进一步具体化和严密化。

清朝基本上是沿用明朝的，但有所损益。以下以清朝为例，对中国最后一个封建王朝的考绩和奖惩制度做稍详细的介绍。

1. 考绩

清代官员的考绩每三年一次，京官、外官分别进行。京官考绩称京察，在子、卯、午、酉年；外官考绩称大计，在寅、巳、申、亥年。一般是用背靠背的方式进行。

京察的对象主要是北京的各衙门官员和各省的总督、巡抚等官。这些官员又按品级的不同，分别采用不同的方式。各部、尚书、侍郎、都察院左都御史、左付都御史、各省总督、巡抚等三品以上官，最初是自我鉴定，上报皇帝（称“自陈”），由皇帝裁定。乾隆时以自陈多流于形式，改为由吏部缮写履历清单，呈奏皇帝审核，决定去留升迁。三、四品也由吏部开列履历清单，但还要经皇帝面考（称“引见”）。四品以下官如各部的司官、都察院的御史等均由本衙门首长根据工作的优劣，填清考语，分等第造册进吏部，再南审部会同大学士和都察院有关官员共同审核定稿，奏请皇帝批准。

2. 大计

大计是对各省总督、巡抚以下各级地方官的考课，包括布政使（掌一省财政民政）、按察使（掌一省刑狱）和道府州县等官。这些官员也按品级的不同，采用不同的方式进行。布政使、按察使等三品以上官，由总督或巡抚填注考语，咨送吏部，再由吏部会同大学士及都察院有关官员汇总核定，奏报皇帝批准。道府州县等三品以下官则逐级考课，呈送布政使、按察使填注考语（后期多由巡抚填注）报送吏部，再由吏部会同大学士、都察院有关官员汇总核定，奏报皇帝批准。

3. 考核官员的标准

从清初开始就仿照明朝制定了“四格六法”制。四格指守、才、政、年四个考核方面，也称四柱。每一格又都有具体要求。守分：守清、守谨、守平；才分：才长、才平；政分：政勤、政平；年份：年青、年壮、年健。京察、大计时各衙门长官就是根据所属官员的表现，按四格填注考语的。

凡从事技术性工作的，如御医、天文官、祭祀官在考课时均以是否精通业务为标准。也分三等。京察列为一等的称京察一等，大计列为一等的称大计卓异。列为一等的有名额限制，京官七取一；外官道府州县十五取一，佐杂教职一百三十取一。未历俸三年或革职留任以及未完成钱粮征收任务的，不得列为一等。京察一等、大计卓异的经引见，加一级，候升；列为二、三等的继续留用。

京察大计时有入于六法的，各部院堂官和总督、巡抚均须“按其实而劾之”。六法是：不谨、罢（疲)软无为、浮躁、才力不及、年老、有疾（清初还有贪、酷二项，称八法，后删，遇有贪者、酷者得随时特参)。不谨者、罢软无为者革职，浮躁者降三级调用，才力不及者降二级调用，年老有疾者休致。

在考课时有挟私报复或弄虚作假的，根据不同情况给予处分。为防止冤抑出现，凡入于六法的，得至京引见。

明清除实行三年一次的考绩制度外，每年年终上级官员对下级官员也要进行考核，并填注考语上报。

4. 议叙和处分

议叙是指因功而给以奖励和提拔，处分是指因过而受到的行政处罚。

议叙有两级，即纪录和加级。纪录略同于以后的记功，按次数计算，分三个等级。加级高于记录，也分三个等级。纪录四次等于加一级，纪录加级合起来共为十二等。凡加级的可按照所加之级食俸或按照所加之级升衔。京察一等、大计卓异都可获加一级的奖励。

官员的行政处分有三种：一是罚俸，以年月为差，分七等，有罚俸一个月、二个月、三个月、六个月、九个月、一年、二年之别。罚俸是行政处分中最轻的。二是降级，又分降级留任和降级调用。降级留任的有降一级留任至降三级留任三个等级，降级调用的有降一级调用至降五级调用五个等次，降级重于罚俸。三是革职，另有革职留用和革职永不录用，这是行政处分中最重的。触犯刑律的依法处罚。

清政府关于处分官员的规定，条目繁杂严密，官员动辄得咎，不但俸饷没有保证，连官职也有随时丢掉的可能。为了保持各级官员的相对稳定，使有过失的既受到处分，又能有机会继续为朝廷效劳。清代还实行功过相抵和原官开复法。功过相抵是指纪录加级可以同罚俸、降级相抵，只适用于因公事而造成的过失。原官开复是指撤销处分，恢复原来的官职，适用于降级留任和革职留任的官员。凡受降级留任处分的，三年无过，可撤销处分恢复原官；受革职留任处分的，四年无过，可撤销处分恢复原官。因公事，如缉捕盗贼未按限完成任务而被降留降革的，完成任务后即可开复。

从秦汉到明清，中国古代考绩制度有三个特点：一是既注意平时考察，又重视定期考课；二是定期考课时，中央政府都规定有统一的标准和要求；三是考绩同奖惩密切结合。[①] 但是也应看到，历代的考绩都是由各级长官主持，最后由皇帝裁定，因而很难做到公正无误。特别是到每个王朝的后期，随着政治的腐败，在考绩时奔走钻营、弄虚作假的现象层出不穷，这就使得考绩制度完全失去了明赏罚、定陟黜、奖优罚劣的作用。

---

① 刘海藩、胡彬主编《中国领导科学文库》（理论卷·学科卷·古代卷），中共中央党校出版社，1996，第 892 页。

中国古代官员的试用、任期和退休制度

从秦汉起至明清，官员的试用、任期和退休等逐渐形成了一套比较完善的制度。下面分别加以介绍。

1. 赴任

新官赴任前必须到都察院填注赴任报到期限。赴任期限按任职省份的远近由政府统一规定，逾期一至十日的罚俸一个月，一月以上罚俸三个月，两月以上罚俸六个月，三月以上降一级留任，一年以上革职。赴任官员未经请假而私自绕道归里的，照违令私罪律处罚。

2. 试用

早在汉代，对初任官就有试用期的规定。《汉书·平帝纪》云："诸官初除，皆试守一岁，乃为真。"真或称真除，即正式任职；试守就是试用。新官试用一年，合格的才授予实职。到了明清时期，规定更加具体。

清政府对各种不同的官员，限定不同的试用期：其一，经考试而获得官职的初任官员，一般都须经过试用，才补实缺。如新进士分到各部为额外主事的，须学习三年，期满授实官。举人经选拔分到各省任知县的，试用期一年。拔贡期考以七品小京官用的，分部行走（实习），三年期满，改为实缺。其二，通过捐纳等异途而获职的初任官，也必须经过试用。如京官郎中以下，小京官以上；外官道府以下，知县以上。凡属捐纳的官员，均试俸三年。其三，降职、革留，授例开复的，在所补任内试俸三年。其四，部分新升任的官员，在新任内亦有试用期，如各部主事外为员外郎的试俸为一年，小京官升为主事的试俸二年。

3. 任期

两汉时对官员的任期没有明文规定。根据当时每三年一次考课而定升降去留的制度，可以推断官员的任期一般为三年。汉代为了社会和政治上的稳定，对政绩卓著的官员大多不轻易调动，所以不少官员在出任某一官职后，任期往往有十余年。

唐代实行科举取士制度，出仕为官的与年俱增。开元、天宝年间，“一岁贡举凡数千”。各级政权机构和编制，一方面规定已仕官员的任期。唐朝官员的任期为四年，期满解职，等候另外安排新职，称前资官。前资官等候新职的时间长短，由品级的高低和上一任政绩的优劣来决定，或一两年，或十余年，原则是优秀的尽先授职。另外，前资官还可参加特殊的专门考试，考中的得提前任官。

宋代重年资，一年一考课，三考为一任。任满不论政绩是否卓著，只要没有大的过错一律升迁。这种制度使宋代官员大都成为因循守旧，不求有功但求无过的官僚。

明代官员三年考核一次，连考三次（九年)称考满。每个官员经三次考核即为任满，根据优劣而定升降。事实上，有的官员经过一次或两次考核，也可提升。

清代官员的任期制度比较复杂，大致可以分为两大类。

一类是有明确规定的，这一类适应于差遣官和委派官。由皇帝派遣去完成某项任务的官员，称差遣或钦差，如掌管一省学校和考试的学政（由皇帝差遣)三年一任，宝泉局、宝源局（国家早币厂)监督二年一任。此外，派驻到西藏和新疆等地的将军、大臣及其属员，也都有任期的规定。差遣官、委派官都有自己的本职，任满仍回原任。

另一类是通过俸满升调制度来体现任期的，清代大多数中央和地方官都采用这种制度。所谓俸满，就是官员在任内达到规定的食俸年限后予以升迁。清政府将全国官缺按其性质和地位规定了不同的食俸年限。其一，对于京官。各部司官（郎中、员外郎、主事）三年俸满，七品以下小京官六年俸满。至于各部尚书、侍郎等高级官员，一般是三至五年，或升或转，皇帝的宠臣则有任职十年而不调动的。其二，对于外官。地方官的食俸又分为腹俸和边俸。腹俸、边俸的俸满时间不尽相同。腹俸适应于内地或交通便利地区的官员，如布政使、按察使为三年俸满，知府、知县为五年俸满准升，三年俸满准调。边俸适应于边远或交通闭塞地区的官员，主要是在西南、西北部分官缺中实行，二年半抵腹俸三年，俸满升调。

除了腹俸和边俸以外，还有几种特殊地区的官缺实行不同的任期。一是苗疆缺，在湖南、贵州、广西等部分州县实行五年俸满。二是广西烟瘴缺，在广西的部分州县实行，有三年俸满的，也有五年俸满的。三是广东水土恶毒缺，在广东少数州县实行，三年俸满。四是边疆（海疆）久任缺，在湖南、贵州、广西、云南以及东南沿海的部分州县实行，五年俸满，再留任三年，期满提升。

4. 事假、病假

清代官员的请假制度对于京官和外官是不同的。对于事假，京官告假祭祖，父者须食俸十年以上，省亲（探亲）须食俸六年以上，迁葬须五年以上。凡告假者准许在家住四个月，往返路程按距北京的远近计算。请假的都开缺解职，假满到吏部报到，候补。外官道府等官扫祭祖墓者，给假二十日至一个月，各府、州、县教职（学官）告假省亲的，须食俸三年以上，但不开缺，不停俸，假满回原任。

对于病假，京官因病告假的，给假一年，一律开缺，回籍调养，期满返京补用。如未满一年已痊愈的官员，即在原衙门行走，扣足一年，方准领俸。外官督府，患病可在省城调养，其职务另派人治理。布政使以下官员病假一律解任，回籍调理，假满与京官相同。

凡捏称因事或因病告假的，或罚俸，或降级。

5. 退休

古代称退休为致仕或休致。在汉代，凡因年老或患病的官员均可致仕，二千石以上官员给原俸的三分之一。唐代进一步规定，官员七十岁得致仕，若齿力未衰可继续留任，但“年虽少形容衰老者亦听致仕”。致仕者五品以上官给半俸，六品以下官给口分田。宋代官员也是七十岁致仕，致仕后往往加衔晋级，待遇较历代都优厚。元代对某些知识分子有特殊规定，准许翰林官及太史官不致仕。明朝将退休年龄提前，文武官员年六十以上者均可致仕。

清代对文武官员的退休年龄要求不同。文官六十五岁退休，武官较文官大为提前，副将六十岁，参将五十四岁，游击五十一岁，都司、守备四十八岁，千总、把总四十五岁。官员休致由自己申请，眷恋禄位而不申请的则勒令休致。凡不能胜任职务的须提前休致。

《黔南识略·黔南职方纪略》点校前言

一、两位编修者

爱必达，钮祜禄氏，满洲镶黄旗人。生卒年不详。乾隆初以生员考补笔帖式，转吏部员外郎、郎中。九年署江苏布政使，实授贵州布政使。十一年升山西巡抚，不久因案罢职。十三年复授浙江巡抚，旋调贵州巡抚，乾隆十五年后，历任湖南巡抚、云贵总督、湖广总督等职。在湖广任上，又因案被发往伊犁效力，后赦还，卒。《黔南识略》就是爱必达在贵州巡抚任上撰成的。

罗绕典，字苏溪，湖南安化人。道光五年拔贡，经廷试当了户部小京官。八年，顺天乡试举人。九年中进士，选庶吉士，授编修。十四年分校顺天乡试，十五年典试四川。十六年授山西平阳知府。十九年升陕西粮储道，三署按察使。二十一年授山西按察使，再署布政使。二十四年迁贵州布政使。咸丰初，在湖南、湖北与江忠源共抗太平军，后授云贵总督。咸丰四年，桐梓发生杨龙喜起义，罗绕典亲赴贵州镇压，不久因“气上逆”而卒。

二、《黔南识略·黔南职方纪略》的成书及刊行经过

爱必达在《黔南识略》序言中说：“夫为治者，必周知闾阎纤悉之故，而后缓急轻重施之无不当。今府、州、县长吏民牧官，皆以知名，问其所治一方之事，有茫然不能对者矣。矧自监司以上，位愈尊与民愈远；所辖愈广，耳目愈不易周。非访之博而求之详，欲去所疾苦，垂利长久，而不拂乎人情，其道何由？爰条例十八事，下所属亲民吏，俾各视缕以陈，因以观其人之贤

否。既毕，上属贵阳参军张凤孙芟烦摘要，稍加诠次，名曰《黔南识略》。”一说初名《黔中风土志》，后正式定名《黔南识略》。在该书凡例中，提出“是书专记风土，以备服官者之采择”。

书成不久，爱必达由贵州调湖南，因而并未付梓刊行。事隔九十多年，道光二十四年罗绕典来任贵州布政使，二十七年夏间，得《黔南识略》“抄本于士人家”。此时罗绕典看到的《黔南识略》抄本，已不是最初的样子，“书中有嘉道间事”。但又“不知出何人手？或曰滇中李复斋文耕也”。直到此时，才由罗绕典将《黔南识略》抄本“付之剞劂氏”，刊印行世。

这里应该说明的是，我们既没有找到有关张凤孙的材料，也没有找到有关李复斋的材料。这是要请读者原谅的。

《黔南识略》付梓不久，罗绕典又发现了另外一批材料。他在《黔南职方纪略》序言中说：“我皇上统驭之初，中丞长白嵩曼士先生奏请编察通省客户，备有成籍。余承宣于斯，盖三年矣。一日出故府所藏，得而读之，见其考据往古，钩稽现在，具有本末，因芟削为是书。唯遵义、思州、仁怀为未备，盖吏失其册也，又求府厅诸志，为补遗佚。未付之以土司、苗蛮。书虽无多，而十二府、三厅、一州之土地人民，成有其梗概。官斯土者，常披览而赅存之，未必不有补于吏治也。书成，因述其巅末如此。”

这里有几点需作说明。

其一，“我皇上统驭之初”的“皇上”，是指道光。

其二，“长白嵩曼士先生”是指道光二年六月调为贵州巡抚的嵩孚。清政府在调他时就指出，在嵩孚未到任前，由布政使麋奇瑜护理贵州巡抚。道光三年二月，又调程国仁为贵州巡抚。名义上，嵩孚当贵州巡抚的时间甚短，恐怕没有到任。至于嵩孚“奏请编察通省客户”的事，民国《贵州通志·前事志》不载，但是民国《贵州通志·前事志》二十一，引《贵阳府志》载有“巡抚麋奇瑜酌立苗疆应办事宜条款”。条款是在奏折中提出来的，内容之一就是编察通省客居汉民户口。因此“奏请编察通省客户”的，恐怕不是嵩孚，而是麋奇瑜。责有所归，功也应有所归。麋奇瑜于道光二年春任贵州布政使，其他就没有更多的材料了。

三、《黔南识略·黔南职方纪略》的版本问题

我们点校《黔南识略》与《黔南职方纪略》均以贵州省图书馆所藏本为工作底本。该馆所藏《黔南识略》为道光二十七年刊本。台湾成文出版社出版的《中国方志》丛书，收有《黔南识略》（见《中国方志》丛书第151号），并且标明该书是“据乾隆十四年修刊本影印”。我们认为这是值得进一步研究的。因为：首先，我们曾将道光本同成文出版社影印本互相对勘，结果发现两本完全相同，书中的错漏字也完全一样。其次，两个本子中都补充了道光十二年前的几条记载，字句也毫无差别。如果成文出版社影印本真是乾隆十四年修刊本，则断无道光时期的记载。第三，台湾成文出版社影印本与道光二十七年刊本一样，在卷首目录之后，也附有道光二十七年罗绕典为《黔南识略》付梓而写的刊印缘起，这里显然是自相矛盾的。根据以上列举的事实，完全可以证明成文出版社影印本就是道光二十七年刊本，根本不存在乾隆十四年修刊本。成文出版社本之所以标明是根据乾隆十四年修刊本影印，或许是《中国方志》丛书的编者将爱必达写序言的乾隆十四年，误为刊印的时间了。

《黔南识略》除了道光二十七年刊本外，并不存在另外的本子。但是《黔南职方纪略》的版本情况则要复杂得多，除了贵州省图书馆藏的《黔南职方纪略》外，我们还参考了台湾出版的《近代中国史料》丛刊中收的《黔南职方纪略》本（见《近代中国史料》丛刊57辑），同时还参考了台湾成文出版社的《中国方志》丛书中的《黔南职方纪略》本。三本对勘，情况扑朔迷离。贵州省图书馆本，封面以及目录下均标有“大文堂承印”字样，而《近代中国史料》丛刊本、《中国方志》丛书本均没有这一字样，《中国方志》丛书本后，附有光绪三十一年贵州布政使袁开第的跋语（已附录），而贵州省图书馆本、《近代中国史料》丛刊本均没有袁氏跋语。内容上三本尽管完全相同，但有一段文字却在一个字上出现了差异。《近代中国史料》丛刊本《黔南职方纪

略》卷九《苗夷》记有："铜仁府亲辖地有苗一种：曰红苗，居石岘上、石岘下，狗牙、石榴溪诸寨。""石榴溪"的"榴"字，贵州省图书馆藏本、《中国近代史料》丛刊本均空白无字。以上情况说明，三个本子的特点是互相交叉存在的。

从罗绕典为《黔南职方纪略》写的序言，袁开第为该书写的跋语，以及三个本子的字迹、版式看，三本都是用的一个版子，只是印刷的时间不同而已。但究竟谁先谁后，却颇令人为难。我们初步认为《近代中国史料》丛刊本为最早，即为道光二十七年刷印。因为此本字迹最为完整，虽然只多一个"榴"字；其次是《中国方志》丛书本，即光绪三十一年刷印，因为它有袁开第的跋语为证。贵州省图书馆本最晚，因为它与光绪三十一年刷印本相同，都缺了一个"榴"字。为什么不收袁开第跋语呢？第一，书重新刷印收不收跋语，刷印者自有权处理，因为不影响内容。第二，袁氏跋语在印刷后本身不完整，缺了九个字。不完整的跋语宁可不要。

四、《黔南识略》和《黔南职方纪略》的价值

北京图书馆编辑的《中国地方志综录》著录了《黔南识略》与《黔南职方纪略》。《综录》的编者，将两书均归于地方志，这是极正确的。台湾成文出版社出版的《中国方志》丛书也收入两书，应该说是继《中国地方志综录》的端绪，仍将《黔南识略》与《黔南职方纪略》归为地方志。《贵州地方志举要》（吉林省地方志编纂委员会、吉林省图书馆学会1988年2月版）没有谈到《黔南识略》与《黔南职方纪略》，可能是认为两书不属于地方志，仁者见仁，智者见智，不必强求一律。该二书属不属于地方志，看来可能还有不同的看法。

贵州从明洪武十五年（1382年）到永乐十五年（1417年）先后设立三司，用三十五年的时间才完成了行省的建置。一省方志的编纂首推郭子章编纂的《黔记》，以后陆续有弘治《贵州图经新志》、嘉靖《贵州通志》、万历《贵州通志》等。

清康雍间，贵州的疆域做了较大调整，并且定型，有部分原属于湖南、四川、云南、广西的地方，先后归属于贵州版图。情况发生了较大的变化，一省的新的方志的编纂更有必要。先有巡抚曹申吉主持纂修的康熙《贵州通志》，然流传极少。后有巡抚卫既齐主持纂修，后经巡抚阎兴邦主持增补的康熙《贵州通志》。云贵总督鄂尔泰主持纂修的《贵州通志》，开局于雍正，完成于乾隆六年。自此到民国《贵州通志》编成出版，其间几二百年，却没有一部以“通志”命名的省志的编纂。可以作为补充的就要数《黔南识略》与《黔南职方纪略》了。两书均以府州县为经，以事为纬，记载的内容丰富，信息量大。《黔南识略》于各府州县下“详纪沿革、疆域、山川、形势、风俗、土田、财富、关隘、营汛、驿递”(见罗绕典跋语)。除了没有人物、艺文、星野占候外，它作为地方志，其主要内容都具备了。《黔南职方纪略》“于一省之府厅州县建置沿革、道里远近，以及土司苗蛮之职事、种类、源流备悉；而于客民之有无置有苗户之户口数目为独详”(见袁开第跋语)。另外，《黔南职方纪略》中特别记载了各州县的市场数目，极为珍贵。

可以说，《黔南识略》《黔南职方纪略》是时间上互相衔接，内容上互相补充的清代贵州省情汇编。这是我们把两书并在一起整理出版的原因，它对研究清代贵州的政治设施、社会经济、民族关系都是不可或缺的一份宝贵资料。对清代贵州的社会经济研究，更有特别重要的价值。书中涉及有关人口、农业生产、水利、手工业生产、矿产、封建土地制度、军屯、城镇集市、木材生产与销售等方面的资料，较为系统完整，至今使用甚少，甚至还完全没有使用。这一方面可能与贵州社会经济史的研究还未真正开展有关，另一方面也与《黔南识略》和《黔南职方纪略》流传不广有关。我们相信两书出版以后，上述情况将会改变，对我省的经济建设将起到促进作用。

参加本书点校的有杜文铎、吴慧媛、周载章、徐宏慧等。杜文铎、徐宏慧作了全书的统稿工作。

点校者

《简明中国近代史》序言

中国近代史是中国半殖民地半封建社会的历史。以有没有无产阶级的领导为分界，分为两个阶段：从 1840 年鸦片战争至 1919 九年“五四”运动以前为旧民主主义革命时期，“五四”运动直至中华人民共和国成立为新民主主义革命时期。《简明中国近代史》实际上是旧民主主义革命时期的历史，仍按习惯的说法称为中国近代史。

近代中国的历史，是帝国主义和封建主义相勾结，把中国变为半殖民地半封建社会的过程，也是中国人民为争取独立、自由和民主，英勇反抗帝国主义及其走狗，走向觉醒的过程。

近代“中国的特点是：不是一个独立的民主的国家，而是一个半殖民地的半封建的国家；在内部没有民主制度，而受封建制度压迫；在外部没有民族独立，而受帝国主义压迫”[①]。帝国主义的侵略奴役和封建主义的压迫，是近代中国贫穷落后的祸根，不经过彻底的民族民主革命，就不可能有国家的工业化。而建设强大工业化国家，又必须以国家的独立统一、政治的民主为前提。

为了外御强敌，内兴民主，自从 1840 年鸦片战争失败那时起，先进的中国人，经过千辛万苦，向西方寻找真理。对于西方资本主义国家，既要反对它的侵略，又要学习它的一切先进的东西。只有冲破封建主义的闭关自守的藩篱，放开眼界，走向世界，才能有效地抵御外侮以至战胜它。洪秀全、康

① 毛泽东：《毛泽东选集》（四卷合订本），人民出版社，1969，第 507 页。

有为、严复和孙中山等先进人物，学习西方的出发点和归宿，无不是为了救亡图存，振兴中华。

在中国近代史上，各族人民的英勇奋斗，是历史前进的真正动力。自从十九世纪中叶以来，各种不同的阶级、集团和派别，提出了不同的革新方案、纲领，来挽救中国的危亡。在当时历史条件下，他们尽了极大的努力，取得了他们所能取得的成就。

但是，无数的志士仁人并没有找到真正解救中国的出路，他们所领导或参加的反抗和斗争通通失败了。“五四”运动前夜，无产阶级逐渐成长壮大，马克思主义迅速传播，中国革命即将出现一个新的转折。曲折坎坷的道路，给后世留下了深刻的经验教训，其中最重要的是无产阶级及其政党——中国共产党肩负起中国革命的领导重任，是历史的必然。只有社会主义才能救中国。

中国近代是我国历史上剧烈激荡的时代，也是人才辈出的时代。对民族斗争、阶级斗争、生产斗争、文化教育作出贡献的人物，包括统治阶级的一些人和事，本书坚持历史唯物主义的立场，予以不同程度的表彰。在民族灾难极端深重的年代，众多优秀人物的涌现，表现出中华民族的无限生机和英雄气概。

今天的中国是昨天的中国的发展。中国近代史同当代中国社会有着紧密的联系。它的一些特点，对现实生活还存在若干影响，加强对它的研究具有很重要的意义。毛泽东同志早在七十多年前就号召全党重视对鸦片战争以来的中国近代史的研究。几十年来，在马克思主义的指导下，中国近代史的研究有了很大的进展。但是还很不充分，还需要做极大的努力，从纷繁复杂的历史现象中找出历史发展的规律，为社会主义服务。

我们希望，本书能够帮助青年同志了解中国现状的由来，掌握中国近代史的发展规律，深刻理解历史给我们的启示；继承和发扬先辈崇高的爱国精神，提高献身社会主义祖国的自觉性；培养辩证唯物主义、历史唯物主义的世界观，为更好地开创社会主义现代化建设新局面作出应有的贡献。

读《遵义市志》有感

近几年因为编写《贵州通史》的需要，曾翻阅了有关遵义的三种志书。这三种志书是道光《遵义府志》、民国《续遵义府志》以及抗日战争时期浙江大学编写的《遵义新志》。对这三种志书的评价，前人早有定论，一致认为均属上乘作品。最近遵义市志编纂委员会的同志用十六年的心血编辑成书的《遵义市志》一书由中华书局出版了，这不仅是遵义地方志书编写史上的一件大事，也是近十年来我省方志编写工作的一件大事。

收到《遵义市志》后，我粗略地翻阅了一遍，重点地读了少数篇章，比较之下，市志除了吸收前此三部志书的成果和优点外，还具有它自己的一些突出的特色，其中给我印象最深的是以下几方面。

首先是《遵义市志》规模宏富，体例完备。作为志书，有它编写的特殊要求，而最主要、最基本的要求就是志书必须全面地反映出某一地区的一定历史时期的真实状况，包括自然的、社会的、政治的、经济的、军事的、文化教育的等等。按照这一基本要求，编写同志在《遵义市志》中设立了25篇，148章，513节，另有人物（相当于篇）2章9节，附录7目以及大事记（相当于篇），以上各篇章节目加起来，实际为25篇，150章，522节，7目和人物、大事记两个独立单元。编者通过这为数众多的篇章节目将遵义市从12世纪70年代到20世纪80年代的800多年的地理、城建环保、交通、邮电通信、经济综合管理、工业、农业、商业、税务、财政、金融、遵义会议红军活动、政党政协社团、政权、民政、司法、军事、教育、科学技术、新闻、文化艺术、医药卫生、体育、文物、习俗方言宗教帮会、人物（以1994年前已故者为限)用350余万字如实地记录下来，规模可谓宏富。另外，全书还附有英文目录及中文索引、图表等，这不仅使《遵义市志》的体例更加完备，也极大地便利了读者的检索，并有利于向海外介绍遵义，扩大影响。其体例之完备，超过了此前的三部旧志。

其次是《遵义市志》的地方特色很浓厚。本来地方志就是写地方事的，其内容本身就包含地方特色；而《遵义市志》又从地方特色中选出在全国有影响的几件事着重介绍叙述，这就使地方特色更突出更浓厚了。市志编者对遵义会议及红军活动的处理就是如此。共产党领导的中国工农红军是1934年12月进入贵州境的，1935年1月7日领遵义城，1月中旬在红军司令部（柏辉章私宅)召开会议。这次会议是关系中国革命前途的重大会议，会议确立了以毛泽东为首的新的中央领导，使中国工农红军胜利完成了二万五千里长征，开始了中国革命的新局面。《遵义市志》并没有将这次会议当作一般的会议列入有关篇章之中，而是将遵义会议独立为一篇，用3章7节加以叙述，将会议的召开（包括意义和近几年的学术研究成果），会议前后红军转战日志(1935年1月1日至3月31日)和红军在遵义的活动，一一加以详细记述。这样做既使遵义会议得到了突出，又能充分表现市志的地方特色。此外，在第二十一篇——文化艺术一篇中，专列一章介绍“沙滩文化”，这也使市志的特色得到了突出的表现。

内容翔实，足以存史。志书的任务之一是存史，而要起到存史的作用，所有资料必须准确无误。经不起推敲的记叙或者错误迭出的材料都是无法起到存史的作用的，只能给后人留下笑柄。《遵义市志》的编辑同志用十多年的时间，搜集资料9700多万字，经过去粗取精，去伪存真的筛选工作，在分纂、分审、总纂的层层把关下，使得市志达到了编写志书的各项要求；使用的资料是翔实的、可靠的。

我随意抽查了20余条历史资料，记叙都是准确的。《遵义市志》中使用的新中国成立以后的材料，全部以政府档案为准，材料缺乏的不臆造，直接在文中注明无资料，这种态度是实事求是的。市志所用新中国成立之前的资料主要依据档案、地方史志和口碑，其中有的史实还补正了旧史、旧志记叙之不足。例如，咸丰四年策动桐梓杨龙喜起义的舒裁缝，在旧志中，如民国《续遵义府志》《桐梓县志》《贵州通志》……都把他称为舒犬、舒狗狗，有的书如《播变纪略》又擅改其姓氏“舒”为“苏”。《遵义市志》的编写同志经过调查访问，终于弄清了舒裁缝的真名实姓和他的生卒年月。舒裁缝原名舒光富，生于1814年，死于1855年。这虽然是一个人的姓名、生卒年月的小事，但旧志没说清楚，一百多年后，市志把它弄清楚了。可见，《遵义市志》是历史研究中很有用处的资料。

第四是《遵义市志》图文并茂，印刷精良。图文并茂是现代志书的重要要求之一，也是增强志书可读性的主要方法。插图是我国志书自古以来的优良传统。一幅图，一张表不仅起着精炼语言的作用，甚至起着文字无法表述的作用。《遵义市志》在这方面做得很突出，达到了图文并茂的要求。全志共采用插图420幅（不包括书末“编务存照”“志界书语”），其中彩图138幅，黑白图282幅。尤其值得一提的是，在420幅插图中，随文插图有280余幅。插图之多在省内方志书中属于最多的。除插图外，《遵义市志》还用表格的方式来反映了事物的发展变化，这种表格使读者一目了然，很能说明问题。据我统计，全志所列各种表格共有565个，数量确实不少。在插图中特别令人称道的是它的彩色插图，可以说是形象逼真，色彩鲜艳协调，看图有如在看实物，像卷首的彩图“永历通宝”，除了用手触摸没有立体感外，几乎和实物完全一样。此外，《市志》装帧大方，印刷精良，也为《遵义市志》增辉生色。

我对方志学没有深入学习过，但从历史学的角度来看，《遵义市志》确实是一部研究遵义史很有用的志书，起到了资料库的作用。编志难，编出好志更难。《遵义市志》吸收了旧志的成果，克服了旧志的局限，在内容和卷帙上都超过旧志，说它同《遵义府志》《续遵义府志》《遵义新志》是并驾齐驱的精品，恐怕也是当之无愧的。

一部具有历史和现实意义的志书

——《修文县志》出版有感

修文县的历史如果从元世祖忽必烈至元二十年（1283）建扎佐、六广等四长官司算起已有七百多年。明崇祯三年又在修文建敷勇卫。清康熙二十六年裁敷勇卫改设修文县。若从修文建卫算，到现在也有四百多个春秋了。修文是个有着悠久历史的县，修文在中国文化发展史上也有过特殊的贡献。其中较为突出的要数明朝著名思想家王阳明曾在修文龙冈悟道、设学授徒了。凡是研究王学思想的几乎没有不提到修文龙场驿的。修文是哺育过王学的地方，龙场悟道是王阳明哲学思想形成的重要环节。可是就在这样一个历史悠久、哺育过王学的地方，在编纂地方志的工作中，却长期处于后进状态。

纂史修志是中国文化的一枝奇葩。就贵州而言，经济发达程度虽不及中原各省，但修志工作做得并不差，在全国各省可以列为中等。从贵州建省起，截至中华人民共和国成立，全省 82 个市县纂有整套地方志的约有六十八九个市县，约占全省市县总数的 80% 以上，没有编出整套县志的约有十三四个市县。值得注意的是，在未纂有完整县志的十三四个市县中，有十个是民国时期新建置的；有三四个县在清朝前期就已设立了，而被视为人杰地灵的修文县就名列在没有完整具志的三四个老县之中。

当然在那一时期，修文并非没有进行过修志工作。据道光《贵阳府志·艺文略》载，修文曾纂有未刊本《修文志略》四册 39 目，不著撰人姓名，但稿本早已无存，实际等于无志。又据新出版的《修文县志》载，民国九年邑绅陈嘉言（陈镜秋）曾倡议修志，聘王其光等为总纂，不久因总纂远出，修志工作遂停。民国十四年陈嘉言再次倡议修志，征得官绅同意，在县城成立县志局，由陈氏自任经理，聘名儒陈衡山为主纂，顾庆和、罗硕勋、陈嘉猷等为分纂。不幸时事多艰，旋因军阀混战，地方不靖，致使修志工作又陷停顿。民国十九年省内政局稍定，修志工作重新恢复，可是三年后新任总纂顾庆和又应聘息烽，修志工作再次中辍。民国二十九年，经理用重礼将顾氏聘回，继续主持修志事。又历时三年，勉成初稿。顾氏亲送志稿于陈嘉言处，旋即转往织金。民国三十四年，修文县成立文献委员会，县政府拨款1万元作为志稿的校对、整理、印刷等费用，由贵阳大中印刷所承印，然而由于志稿残缺，印费不足，原定印成四册，六十余万言，结果只印出一、第二两册，第三、第四册终未印刷成书。至此几起几落的修志工作，以完成半部而告终。以后三、四册志稿荡然无存。

回顾修文修志工作，感慨多端。究其未就成功之原因，一是缺乏人才，一是没有经费，致使修志多年，却没有印出一部完整的志书问世。

在半部修文志出版的第53年，即1998年，一部崭新的《修文县志》正式出版了。新《修文县志》是在修文县委、县政府领导下，全体编纂人员经过13年的辛勤劳动完成的。新《修文县志》对上起元朝，下至当今的修文作了翔实全面的记述。就内容看，它远远超过未刊本民国修文志稿；就分量看，新志相当于旧志稿的三倍多。

《修文县志》的出版对修文是一件具有历史意义的大事，其意义就在于它结束了修文长期无志的历史，填补了修文没有完整志书的空白。新县志的出版说明只要有得力的领导，有一支有一定素质和业务能力的编纂队伍，有一定的经费，编纂志书的任务是能够完成的。

《修文县志》的出版不仅具有重大的历史意义，也有重大的现实意义。古人说："夫为政者，必周知闾阎纤悉之故，而后缓急轻重施之无不当。"这句话的意思是说，治理地方必须了解地方的情况，然后才能做出正确的决策。如何了解地方情况？当然首先是深入调查研究，这是最主要的。但了解地方的过去也是必不可少的；而全面了解地方的过去，翻阅一下志书就是一个好办法。读地方志能开阔人们的眼界，启发人们的思想，提供人们对历史的借鉴。地方志实际上是一部地方的百科全书，人们的聪明智慧有很多是从这里得到启发的。一部好的志书应该起到资治的作用。这也是志书的主要功能。